权威读本

中华人民共和国
中医药法
解读

主编
黄　薇
（全国人大常委会法制工作委员会行政法室副主任）
副主编
张　涛
（全国人大常委会法制工作委员会行政法室二处副处长）

中国法制出版社
CHINA LEGAL PUBLISHING HOUSE

撰稿人：黄　薇　韦武斌　刘海涛　黄海华
张　涛　李慎秋　齐　冰　曹　阳
李　辉　田　林　杨　威

前　言

2016年12月25日，第十二届全国人大常委会第二十五次会议通过了《中华人民共和国中医药法》，这是中医药发展史上具有里程碑意义的大事。中医药法明确了中医药的重要地位、发展方针和扶持措施，改革完善了中医医师、中医诊所和中药等方面的管理制度，同时规范中医药从业行为，保障医疗安全和中药质量，为进一步促进中医药事业健康发展提供了法律保障。

为了配合中医药法的学习、宣传，帮助广大读者准确理解法律规定，保证法律的贯彻落实，我们编写了这本解读。本书由全国人大常委会法制工作委员会行政法室副主任黄薇担任主编，全国人大常委会法制工作委员会行政法室二处副处长张涛任副主编，全国人大常委会法制工作委员会行政法室的有关同志共同撰稿。本书力求准确、详尽、通俗地解释每个条文的含义和立法背景。因时间和水平有限，如有不妥和疏漏之处，敬请批评指正。

编　者

2017年1月

目　　录

二、相关规定

第一章　总　　则

第一条　为了继承和弘扬中医药，保障和促进中医药事业发展，保护人民健康，制定本法。

条文主旨

本条是关于立法目的的规定。

立法背景

中医药是中华民族在与疾病长期斗争的过程中积累的宝贵财富，其有效的实践和丰富的知识中蕴含着深厚的科学内涵，是中华民族优秀文化的重要组成部分，为中华民族的繁衍昌盛和人类健康做出了不可磨灭的贡献。中医药事业的发展，离不开法治的保障。2003 年国务院制定的《中华人民共和国中医药条例》对促进、规范中医药事业发展发挥了重要作用。但是，随着经济社会快速发展，中医药事业发展面临一些新的问题和挑战，主要表现为：一是中医药服务能力不足，中医药服务领域出现萎缩现象，特别是基层中医药服务能力薄弱，发展规模和水平还不能满足人民群众的需求；二是现行医师管理、诊所管理和药品管理制度不能完全适应中医药特点和发展需要，一些医术确有专长的人员无法通过考试取得医师资格，同时现行的审批管理模式导致开办中医诊所门槛过高，医疗机构配制的中药制剂品种出现萎缩现象；三是由于中医药人才培养途径比较单一，中医药教育体系不够完善，导致中医药人才匮乏；四是野生中药材资源破坏严重，人工种植、养殖中药材不规范，导致部分中药材品质下降，影响中医药可持续发展；五是中医药科学研究能力不足，导致在中医药理论和技术方法的传承、创新方面面临不少困难。为解决当前存在的突出问题，进一步促进中医药事业发展，需要在现行《中华人民共和国中医药条例》的基础上，制定中医药法，继承和弘扬中医药，使中医药这一中华民族的宝贵财富更好地发扬光大，造福广大人民群众，促进健康中国建设。

条文解读

本法的立法目的包括：

一是继承和弘扬中医药。中医药作为我国独特的卫生资源，在经济社会发展中发挥着重要作用。随着我国新型工业化、信息化、城镇化、农业现代化的深入发展，人口老龄化进程加快，健康服务业蓬勃发展，人民群众对中医药服务的需求越来越旺盛，迫切需要继承和弘扬好中医药，充分发挥中医药在深化医药卫生体制改革中的作用，造福人类健康。

二是保障和促进中医药事业发展，保护人民健康。新中国成立后特别是改革开放以来，党中央、国务院高度重视中医药工作，制定了一系列政策措施，推动中医药事业发展取得了显著成就。中医药总体规模不断扩大，发展水平和服务能力逐步提高，截至 2014 年年底，全国共有中医类医院（含中西医结合医院、民族医医院）3732 所，中医类医院床位 75.5 万张，中医类执业（助理）医师 39.8 万人。2014 年中药生产企业达到 3813 家，中药工业总产值 7302 亿元。中医药在常见病、多发病、慢性病及疑难病症、重大传染病防治中的作用得到进一步彰显，得到国际社会广泛认可，中医药的国际影响力不断加强，已经传播到 183 个国家和地区。

本法的立法依据为宪法。宪法第 21 条规定，国家发展医疗卫生事业，发展现代医药和我国传统医药。根据这一规定，制定中医药法。

相关规定

《中华人民共和国宪法》第 21 条。

第二条 本法所称中医药，是包括汉族和少数民族医药在内的我国各民族医药的统称，是反映中华民族对生命、健康和疾病的认识，具有悠久历史传统和独特理论及技术方法的医药学体系。

条文主旨

本条是关于中医药定义的规定。

立法背景

中医药发源于我国，是中国各族人民几千年来在同疾病作斗争中形成和发展起来的，是人民群众集体智慧的结晶。在西医传入我国之前，我国只有一种医药学，当然没有必要将其称为“中医药”，所以我国古代并没有一部贯以“中医药”的医学文献。在古代，中医药有各种代称，如岐黄、青囊、杏林、悬壶等。“中医药”的称谓是在近代以后，随着西学、西医传入我国，为了便于区分，我国本土原有的学术体系、医学体系就被称为“中学”、“中医药”，从此“中医药”就成了与“西医药”相对应的概念。

条文解读

一是中医药是包括汉族和少数民族医药在内的我国各民族医药的统称。中医药的概念有广义和狭义之分，本法所定义的中医药是一个广义的概念，包含了汉族和少数民族医药在内，是中国各民族医药的统称。从国际上来说，“中医药”作为包括汉族和少数民族医药在内的我国各民族医药的统称，已得到国际上的普遍认同，许多国家的立法多以“中医药”称呼中国的传统医药。此外，有 70 多个国家与中国签订了包含中医药内容的政府协议或者专门的中医药合作协议。这些均表明“中医药”的称谓在世界范围内取得了共识。

少数民族医药是我国中医药的重要组成部分，包括藏医药、蒙医药、维吾尔医药、傣医药等少数民族的医药。藏医药有自己的系统理论，几千年来为我国藏区人民的健康和繁衍昌盛做出了重要贡献。早在公元前3世纪，高原人就有了“有毒必有药”的医理。公元7世纪，松赞干布统一青藏高原，建立起强盛的吐蕃王朝。大唐文成公主入藏带去了大量的医学著作和医生。同时，藏王还请了印度、尼泊尔医生入藏，结合高原古老的医学，编辑整理了大量的医学经典著作，其中最负盛名的是云丹贡布所著的《四部医典》。蒙医药是蒙古族人民在长期的医疗实践中逐渐形成与发展起来的，它吸收藏医、汉医及印度医学理论的精华，逐步形成具有鲜明的民族特色、地域特点和独特理论体系、临床特点的民族传统医学。维吾尔医药、傣医药等也有着较系统的医学理论和丰富的临床经验，具有鲜明的民族特色和地方特点，是中医药宝库中的重要组成部分。此外，少数民族医药还包括壮医药、苗医药、朝医药、瑶医药等，目前全国已有十多个少数民族设有本民族的医疗机构。

二是中医药是反映中华民族对生命、健康和疾病的认识，具有悠久历史传统和独特理论及技术方法的医药学体系。中医药是我国各族人民在长期生产生活和同疾病做斗争中逐步形成并不断丰富发展的医学科学，具有独特有效的系统思维模式及其知识体系，其所注重的整体观念、辨证论治、因人而异、复方用药等认识论和方法论特色，反映了中华民族认识自然、人体、生命、疾病现象及其相互关系的规律。例如，天人合一的整体观念就是中医药一个非常独特的理论。中医认为，人本身是一个有机整体，由脏腑经络组成，脏腑经络互相联系、沟通，调节人体的气血，维持人体的正常生理功能。同时，人与自然也是一个有机的整体，即天人合一，人是大自然的产物。人要适应自然，顺应气候变化，针对自然界的各种变化，如气候的变化，作出相应的调节，否则就容易产生疾病。中医的独特理论，深刻地阐明了中华民族对生命、健康和疾病的认识，并用于指导临床实践。

在中医基本理论的指导下，经过长期实践总结出来的，用以防治疾病、健康养生的中医药技术方法也具有不同于其他医学技术的独特性，主要包括：一是针灸疗法，属于针法类，指利用各种针具刺激穴位来治疗疾病的方法。常用的有体针、头针、耳针、足针、梅花针、火针、电针、穴位注射、小针刀疗法等。二是灸法类，指运用艾绒或其他药物点燃后直接或间接在体表穴位上熏蒸、温熨，借灸火的热力以及药物的作用，通过经络的传导，以起到温通气血、疏通经络、调和阴阳、扶正祛邪、行气活血、驱寒逐湿、消肿散结等作用，达到防病治病的目的。三是手法类，包括头部按摩、足底按摩、踩跷疗法、整脊疗法、捏脊疗法、背脊疗法、按揉涌泉穴、小儿推拿疗法、点穴疗法等。四是外治疗法，包括刮痧疗法、灌肠疗法、火罐疗法、熏洗疗法、药浴疗法、火熨疗法、芳香疗法、外敷疗法、膏药疗法、敷脐疗法、蜂针疗法等。五是内服法，包括方药应用、中药雾化吸入疗法、中药茶饮法、中药药酒疗法、饮食药膳、膏方疗法等。六是中药炮制技术，中药材多源于自然界的植物、动物、矿物，药用部位含有一定的药物成分，但也常因带有一些非药用部分而影响疗效，并且不同药用部位药效有异。因此，原药材在发挥治疗作用的同时，也可能出现一些不良反应，这就需要通过炮制，调整药性，增利除弊，以满足临床治疗要求。经过炮制的中药降低或消除了中药的毒副作用，保证用药安全，提高了中药的效果。

需要说明的是，关于本法的名称为“中医药法”，绝大多数意见是赞同的，但也有的意见建议修改为“传统医药法”或者“中医药法与民族医药法”，但这一意见最终没有被采纳，主要是考虑到：一是本条已经明确规定了“中医药”的概念，是包括汉族和少数民族医药在内的我国各民族医药的统称，是广义的概念，所以法律名称上不宜再把中医药与民族医药并列。二是中医药既是传统的，也是现代的。习近平总书记在 2016 年 8 月份召开的全国卫生与健康大会上明确指出：“中医药学是我国各族人民在长期生产生活和同疾病做斗争中逐步形成并不断发展的医学科学”，这一讲话精神明确了中医药既是历史上形成的传统医学，同时也是不断发展的医学科学。贯彻这一讲话精神，中医药法明确规定了发展中医药的方针，那就是应当坚持继承和创新相结合，保持和发挥中医药特色和优势，运用现代科学技术，促进中医药理论和实践的发展。根据这一规定，中医药既是传统的，也是现代的，如果法律名称叫“传统医药法”，则难以体现中医药运用现代科学技术不断进行发展创新的要求。

第三条 中医药事业是我国医药卫生事业的重要组成部分。国家大力发展中医药事业，实行中西医并重的方针，建立符合中医药特点的管理制度，充分发挥中医药在我国医药卫生事业中的作用。

发展中医药事业应当遵循中医药发展规律，坚持继承和创新相结合，保持和发挥中医药特色和优势，运用现代科学技术，促进中医药理论和实践的发展。

国家鼓励中医西医相互学习，相互补充，协调发展，发挥各自优势，促进中西医结合。

条文主旨

本条是关于中医药的地位、发展方针和促进中西医结合的规定。

立法背景

新中国成立以来，党和政府始终高度重视和支持中医药工作。从 1982 年宪法明确“发展现代医药和我国传统医药”，到 1985 年中央书记处在《关于卫生工作的决定》中指出“把中医和西医摆在同等重要的地位”，1997 年《中共中央 国务院关于卫生改革与发展的决定》明确将“中西医并重”作为我国新时期卫生工作方针之一，再到 2009 年《国务院关于扶持和促进中医药事业发展的若干意见》，都明确了党和政府坚持中西医并重的一贯方针。

条文解读

本条第 1 款明确了中医药在我国医疗卫生事业中的重要地位。中医药事业是我国医药卫生事业的重要组成部分。国家大力发展中医药事业，实行中西医并重的方针，建立符合中医药特点的管理制度，充分发挥中医药在我国医药卫生事业中的作用。正是由于我国确立了“中西医并重”这一医药卫生工作的基本方针，使得中医获得了和西医同等的发展权利，保障了中医药事业的健康发展，也促进了中西医优势互补、协调发展，维护了群众健康权益，推动了我国医学的跃升，成为我国医药卫生事业的重要特征和显著优势。“坚持中西医并重”，也是当前我国深化医疗卫生体制改革的一项基本原则，作为我国独具特色优势的医药卫生资源，为探索医疗卫生体制改革这一世界性难题的中国式解决方案做出了独特的贡献，发挥了不可替代的作用。

本条第 2 款明确了发展中医药事业的方针。发展中医药事业应当遵循中医药发展规律，坚持继承和创新相结合，保持和发挥中医药特色和优势，运用现代科学技术，促进中医药理论和实践的发展。这一方针强调了两个方面：

一是发展中医药事业应当遵循中医药发展规律。中医药是反映中华民族对生命、健康和疾病的认识，具有独特理论和技术方法的医药学体系。正因为中医药是独特的，所以发展中医药事业必须有中医药的思维，遵循中医药的内在发展规律，建立符合中医药特点的管理制度，在医疗机构管理、医师执业管理、中药管理、人才培养等方面都要体现中医药特点，这也是制定中医药法的一个重要指导思想。本法在很多方面体现了这一方针，如根据中医服务人员存在师承、家传等培养方式的实际，在充分考虑医疗安全风险的基础上，对以师承方式学习中医和经多年实践医术确有专长的人员，开辟了通过实践技能及效果考核即可获得中医医师资格的途径，即由省级中医药主管部门根据中医药技术方法的安全风险组织开展分类考核，考核合格即获得医师资格，并可以以个人开业的方式或者在医疗机构内从事医疗活动。同时，考虑到中医诊所主要是医师坐堂望闻问切，服务简便，不像西医医疗机构那样需要配备相应的仪器设备，所以将中医诊所由现行的许可管理改为备案管理。在中药管理方面，给医疗机构更大的自主权，明确对市场上没有供应的中药饮片，医疗机构可以根据本医疗机构医师的处方，在本医疗机构内炮制、使用。根据临床用药需要，医疗机构可以凭本医疗机构医师的处方对中药饮片进行再加工。生产符合条件的来源于古代经典名方的中药复方制剂，在申请药品批准文号时，可以仅提供非临床安全性研究资料。医疗机构仅应用传统工艺配制的中药制剂品种，向医疗机构所在地省级药品监督管理部门备案即可配制，不需要取得制剂批准文号。在人才培养方面，规定中医医师资格考试的内容应当体现中医药特点。中医药教育应当遵循中医药人才成长规律，以中医药内容为主，体现中医药文化特色，注重中医药经典理论和中医药临床实践、现代教育方式和传统教育方式相结合。中医药学校教育的培养目标、修业年限、教学形式、教学内容、教学评价及学术水平评价标准等，应当体现中医药学科特色，符合中医药学科发展规律，等等。

二是发展中医药应当坚持继承与创新相结合。中医药在历史中形成，有3000多年历史，在中华民族繁衍昌盛中发挥了不可替代的作用。但中医药本身又是不断发展的，随着中医药现代化战略的推进，中医药事业取得了长足的进步，中医医疗、科技、教育、产业、国际化等方面均取得了突出成绩，为经济社会发展和人民群众健康维护做出了突出贡献。发展中医药必须坚持继承和创新相结合。所谓“继承”就是要保持和发挥中医药特色和优势，加强中医药理论方法继承，全面系统继承历代各家学术理论、流派及学说，全面系统继承当代名老中医药专家学术思想和临床诊疗经验，总结中医优势病种临床基本诊疗规律。同时，加强中医药传统知识保护与技术挖掘，建立中医药传统知识保护数据库、保护名录和保护制度等。所谓“创新”，就是要运用现代科学技术，促进中医药理论和实践的发展。主要是发展中医药科学研究和科技创新工作，促进中医药科技创新能力提升，加快形成自主知识产权，提升创新成果的转化效率。同时，全面提升中药产业发展水平，促进中药工业转型升级，提升中药装备制造水平，加速中药生产工艺、流程的标准化、现代化，等等。传承与创新是中医药发展的两大基本支柱，传承是创新的基础与保障，同时创新又对传承具有推动作用，二者之间相互促进，共同推动中医药事业的发展。

本条第3款规定了促进中西医结合的原则。国家鼓励中医西医相互学习，相互补充，协调发展，发挥各自优势，促进中西医结合。中西医结合是我国卫生工作长期实行的一项重要原则，其内涵是指将中医药的基本理论、临床实践与西医药知识结合起来，二者相互学习，相互补充，协调发展，发挥各自优势，提高临床疗效，发展具有中国特色的新医药学。《中医药发展战略规划纲要（2016—2030年）》在“促进中西医结合”方面提出运用现代科学技术，推进中西医资源整合、优势互补、协同创新。加强中西医结合创新研究平台建设，强化中西医临床协作，开展重大疑难疾病中西医联合攻关，形成独具特色的中西医结合诊疗方案，提高重大疑难疾病、急危重症的临床疗效。探索建立和完善国家重大疑难疾病中西医协作工作机制与模式，提升中西医结合服务能力。积极创造条件建设中西医结合医院。完善中西医结合人才培养政策措施等。中医药法在贯彻“促进中西医结合”原则方面也作出了一些具体规定，如国家发展中西医结合教育，培养高层次的中西医结合人才，以及开展中西医结合科学研究等。

第四条 **县级以上人民政府应当将中医药事业纳入国民经济和社会发展规划，建立健全中医药管理体系，统筹推进中医药事业发展。**

条文主旨

本条是关于政府发展中医药事业责任的规定。

立法背景

中医药是我国各族人民在几千年生产生活实践和与疾病做斗争中逐步形成并不断丰富发展的医学科学，为中华民族繁衍昌盛做出了重要贡献，医药临床疗效确切、预防保健作用独特、治疗方式灵活、费用比较低廉，特别是随着健康观念变化和医学模式转变，中医药越来越显示出自身的独特优势。中医药作为中华民族的瑰宝，蕴含着丰富的哲学思想和人文精神，是我国文化软实力的重要体现。扶持和促进中医药事业发展，对于深化医药卫生体制改革、提高人民群众健康水平、弘扬中华文化、促进经济发展和社会和谐，都具有十分重要的意义。县级以上人民政府应当高度重视中医药事业的发展，将中医药事业纳入国民经济和社会发展规划，建立健全中医药管理体系，统筹推进中医药事业的发展。

条文解读

一是将中医药事业纳入国民经济和社会发展规划。国民经济和社会发展规划是全国或者某一地区经济、社会发展的总体纲要，用以指导全国或某一地区的社会、经济、文化建设工作。县级以上人民政府，包括国务院、省级、地市级和县级人民政府都应当将中医药事业纳入本级的国民经济和社会发展规划，统筹推进中医药事业发展。

二是建立健全中医药管理体系。我国目前的中医药管理体系还不够健全，在国家和省一级设有专门的中医药管理部门，但在地市和县两级，并没有单独的中医药管理部门，有的是在卫生行政部门中设有负责中医药管理的内设机构，有的连单独的内设机构也没有。这样一种管理体制的现状，不适应中医药事业发展的需要，也不能适应中医药治理体系和治理能力现代化的要求，所以本条明确要建立健全中医药管理体系，这一管理体系包括国家、省、地市和县四级，以进一步完善管理体制，切实加强中医药管理工作。中医药法对中医药服务的监督管理工作提出了明确要求，包括规定县级以上人民政府中医药主管部门应当加强对中医药服务的监督检查，并将下列事项作为监督检查的重点：（1）中医医疗机构、中医医师是否超出规定的范围开展医疗活动；（2）开展中医药服务是否符合国务院中医药主管部门制定的中医药服务基本要求；（3）中医医疗广告发布行为是否符合本法的规定，同时在“法律责任”一章中对中医药服务中的违法行为明确了相应的法律责任和执法责任。做好中医药法的执法工作，需要建立健全中医药管理体系，加强执法能力建设，以适应加强执法工作的需要。

第五条 国务院中医药主管部门负责全国的中医药管理工作。国务院其他有关部门在各自职责范围内负责与中医药管理有关的工作。

县级以上地方人民政府中医药主管部门负责本行政区域的中医药管理工作。县级以上地方人民政府其他有关部门在各自职责范围内负责与中医药管理有关的工作。

条文主旨

本条是关于中医药工作管理体制的规定。

立法背景

发展中医药事业，需要明确中医药工作的管理体制，确定中央和地方中医药主管部门，以及其他有关部门在中医药管理工作中的职责，以确保各部门按照权责一致的原则依法履职，做好中医药管理工作。

条文解读

本条第 1 款明确了国务院中医药主管部门负责全国的中医药管理工作。国务院其他有关部门在各自职责范围内负责与中医药管理有关的工作。国务院中医药主管部门，即国家中医药管理局负责全国的中医药管理工作，是政府管理中医药行业的国家机构。根据《国家中医药管理局主要职责内设机构和人员编制规定》，国家中医药管理局在中医药管理工作中的职责，主要有：一是拟订中医药事业发展的战略、规划、政策和相关标准，起草有关法律法规和部门规章草案，参与国家重大中医药项目的规划和组织实施。二是承担中医医疗、预防、保健、康复及临床用药等的监督管理责任。规划、指导和协调中医医疗、科研机构的结构布局及其运行机制的改革。拟订各类中医医疗、保健等机构管理规范和技术标准并监督执行。三是负责监督和协调医疗、研究机构的中西医结合工作，拟订有关管理规范和技术标准。四是负责指导少数民族医药的理论、医术、药物的发掘、整理、总结和提高工作，拟订少数民族医疗机构管理规范和技术标准并监督执行。五是组织开展中药资源普查，促进中药资源的保护、开发和合理利用，参与制定中药产业发展规划、产业政策和中医药的扶持政策，参与国家基本药物制度建设。六是组织拟订中医药人才发展规划，会同有关部门拟订中医药专业技术人员资格标准并组织实施。会同有关部门组织开展中医药师承教育、毕业后教育、继续教育和相关人才培训工作，参与指导中医药教育教学改革，参与拟订各级各类中医药教育发展规划。七是拟订和组织实施中医药科学研究、技术开发规划，指导中医药科研条件和能力建设，管理国家重点中医药科研项目，促进中医药科技成果的转化、应用和推广。八是承担保护濒临消亡的中医诊疗技术和中药生产加工技术的责任，组织开展对中医古籍的整理研究和中医药文化的继承发展，提出保护中医非物质文化遗产的建议，推动中医药防病治病知识普及。九是组织开展中医药国际推广、应用和传播工作，开展中医药国际交流合作和与港澳台的中医药合作，等等。

除了国家中医药管理局外，国务院其他有关部门，包括国家卫生和计划生育委员会、国家食品药品监督管理总局、农业部、工业与信息化部、国家人力资源和社会保障部、国家发展和改革委员会、国家工商行政管理总局等也要在各自职责范围内负责与中医药管理有关的工作。如国家食品药品监督管理总局作为药品工作的主管部门，应当依据中医药法和药品管理法的规定，负责对中药的生产和流通等进行监管；农业部作为农业主管部门，在中药材种植养殖环节的管理中要依据农产品质量安全法的规定承担相应的管理责任；国家卫生和计划生育委员会作为国家卫生工作的主管部门，在中医医师和中医医疗机构管理方面要根据职责分工承担相应的管理责任。此外，工业与信息化部、国家人力资源和社会保障部、国家发展和改革委员会、国家工商行政管理总局也要依据各自的职责分工，分别在中药材行业管理、中医药服务纳入基本医疗保险、中医药服务定价、中医医疗广告管理方面承担相应的责任，等等。

本条第 2 款规定了地方政府中医药管理工作的体制：县级以上地方人民政府中医药主管部门负责本行政区域的中医药管理工作。县级以上地方人民政府其他有关部门在各自职责范围内负责与中医药管理有关的工作。地方各级，包括省级、地市级、县级政府的中医药主管部门负责本行政区域的中医药管理工作，其他有关部门，包括卫生部门、药品监督管理部门、农业部门、人力资源和社会保障部门、工业与信息化部门、价格管理部门、工商部门等要依据各自的职责分工，做好有关的中医药管理工作。

第六条 **国家加强中医药服务体系建设，合理规划和配置中医药服务资源，为公民获得中医药服务提供保障。**

国家支持社会力量投资中医药事业，支持组织和个人捐赠、资助中医药事业。

条文主旨

本条是关于加强中医药服务体系建设和支持社会力量投资中医药事业的规定。

立法背景

加强中医药服务体系建设，是发展中医药服务的基础。在此方面，国家既要大力举办、设置公立中医医疗机构和中医药科室，也要积极鼓励社会力量投资中医药事业，举办私营的中医医院、诊所等，以丰富中医医疗资源，满足社会公众对中医药服务的需求。

条文解读

本条第 1 款明确了国家加强中医药服务体系建设的要求。中医药服务体系建设包括举办中医医疗机构、在其他医疗机构中设置中医药科室，以及加强社区卫生站、村卫生室这些基层医疗机构的中医药服务能力建设等。中医医疗机构和其他医疗机构中的中医药科室是向社会公众提供中医药服务的主体。为保障中医药服务的供给，中药法明确规定了政府在举办中医医疗机构方面的责任：县级以上人民政府应当将中医医疗机构建设纳入医疗机构设置规划，举办规模适宜的中医医疗机构，扶持有中医药特色和优势的医疗机构发展。合并、撤销政府举办的中医医疗机构或者改变其中医医疗性质，应当征求上一级人民政府中医药主管部门的意见。同时，中医药法也强调了在各级医疗机构中中医药科室的设置，以提高中医药服务能力：政府举办的综合医院、妇幼保健机构和有条件的专科医院、社区卫生服务中心、乡镇卫生院应当设置中医药科室；县级以上人民政府应当采取措施，增强社区卫生服务站和村卫生室提供中医药服务的能力。

本条第 2 款规定了国家支持社会力量投资中医药事业。在加强中医医疗机构建设方面，除了政府举办公立的中医医疗机构外，也要积极调动社会力量投资中医药事业，举办民营的中医医疗机构，包括民营的中医医院和中医诊所等。为此，中医药法本着平等对待民营和公立中医医疗机构的原则，规定社会力量举办的中医医疗机构在准入、执业、基本医疗保险、科研教学、医务人员职称评定等方面享有与政府举办的中医医疗机构同等的权利，以鼓励社会力量积极投资中医药事业。同时，国家还支持组织和个人捐赠、资助中医药事业。中医药事业本身是一项造福于公众健康的公益性事业，所以国家鼓励和支持各类组织和个人对中医药事业进行捐赠和资助。需要说明几点：一是这里规定的“组织”包括机关、企业事业组织、社会团体等各类组织。二是组织和个人对中医药事业进行捐赠和资助，符合公益事业捐赠法和慈善法的相关规定的，可以依法享受税收优惠。

相关规定

《中华人民共和国公益事业捐赠法》第24条、第25条、第26条；《中华人民共和国慈善法》第80条、第81条、第82条。

第七条　国家发展中医药教育，建立适应中医药事业发展需要、规模适宜、结构合理、形式多样的中医药教育体系，培养中医药人才。

条文主旨

本条是关于发展中医药教育，建立中医药教育体系的规定。

立法背景

人才培养是发展中医药事业的根基。当前，我国中医药人才、特别是基层中医药人才严重匮乏，难以适应中医药事业发展的需要。为此，国家需要通过大力发展中医药教育，培养能够熟练掌握中医药理论和技术方法，适应临床需要的中医药人才。

条文解读

国家发展中医药教育，需要建立适应中医药事业发展需要、规模适宜、结构合理、形式多样的中医药教育体系。

这一教育体系中，既包括中医药学校教育，也包括师承教育；既包括毕业前或者出师前的教育，也包括毕业后或者出师后的继续教育；既包括学历教育，也包括非学历的培训等，总之是一个结构合理、形式多样的中医药教育体系。需要说明的是，中医药法明确规定了中医药教育的基本原则："遵循中医药人才成长规律，以中医药内容为主，体现中医药文化特色，注重中医药经典理论和中医药临床实践、现代教育方式和传统教育方式相结合"，中医药教育体系的构建，需要贯彻落实这一原则，以适应发展中医药教育，培养中医药人才的需要。就贯彻"现代教育方式和传统教育方式相结合"的原则而言，应当积极发展中医药学校教育和师承教育。

在中医药教育体系中，中医药学校教育是培养中医药人才的主要渠道。我国目前的中医药学校教育主要包括中医药高等教育、中医药中等职业教育和中医药方面的其他非学历教育。其中，实施中医药高等教育的既有专门实施中医药教育的中医药大学，也有设置有中医药专业的其他高等学校。截至2015年年底，全国有高等中医药院校42所，200余所高等西医药院校或非医药院校设置了中医药专业，在校学生总数达75.2万人。中医药法明确国家完善中医药学校教育体系，支持专门实施中医药教育的高等学校、中等职业学校和其他教育机构的发展。中医药学校教育的培养目标、修业年限、教学形式、教学内容、教学评价及学术水平评价标准等，应当体现中医药学科特色，符合中医药学科发展规律。

在中医药教育体系中，师承教育是具有中医药特色的传统人才培养模式。作为千百年来中医药人才培养的重要途径，师承教育以言传身教、传承学术经验为特点，以中医药理论认识、实践经验、思辨特点、认知方式、医德修养为主要内容，以跟师学习为主线，是中医药得以延续和发展的主要形式。为此，中医药法明确规定，国家发展中医药师承教育，鼓励有丰富临床经验和技术专长的中医医师、中药专业技术人员在执业、业务活动中带徒授业，传授中医药理论和技术方法，培养中医药专业技术人员。

第八条　国家支持中医药科学研究和技术开发，鼓励中医药科学技术创新，推广应用中医药科学技术成果，保护中医药知识产权，提高中医药科学技术水平。

条文主旨

本条是关于国家支持和鼓励中医药科技发展和创新的规定。

立法背景

“十二五”期间，中医药科学技术发展迈上新台阶。中国中医科学院屠呦呦研究员因发现青蒿素获得 2015 年诺贝尔生理学或医学奖，实现我国科学家获得诺贝尔奖零的突破，突显了中医药对人类健康的重大贡献。建立起以16个国家中医临床研究基地为重点平台的临床科研体系，中医药防治传染病和慢性病的临床科研网络得到完善。45项中医药成果获得国家科技奖励，科研成果转化为临床诊疗标准规范、关键技术和一批拥有自主知识产权的中药新药，取得了显著的社会效益和经济效益。

但是，我们也应该看到，相对于人民群众日益增长的健康需求、日新月异的现代科技和日趋严峻的国际竞争，我国中医药科技创新能力建设仍显不足，创新主体作用有待强化，资源配置亟待优化，科技创新平台建设尚需加强，积极的创新型人才机制、符合中医药特点和规律的科技评价机制、多学科多领域的协同创新机制、区域创新机制及管理机制等中医药科技创新机制尚需不断探索。为解决这些问题，必须以科技创新推动中医药发展。

目前，我国正在建设符合中医药特点的中医药科技创新体系，这不仅是科技创新的重要领域和建设创新型国家的重要内容，也是贯彻落实创新驱动发展国家战略、提高中医药科技创新能力的必然要求，是建设健康中国、提升科技对人民群众健康保障能力与事业产业发展驱动作用的重要举措。

本法将推进中医药科学技术发展作为一项重要内容加以规范，这有利于提升中医药科技创新效率与效益，进一步推进中医药现代化，提高中医药科技对经济社会发展和中医药事业发展的贡献率。

条文解读

中医药是一门科学。2015 年 12 月 22 日，习近平总书记致信祝贺中国中医科学院成立 60 周年，信中指出中医药学是中国古代科学的瑰宝，也是打开中华文明宝库的钥匙。本法第 2 条规定，中医药是反映中华民族对生命、健康和疾病的认识，具有悠久历史传统和独特理论及技术方法的医药学体系。中医药是世界医学的重要组成部分，其科学性不容置疑。中医药要立足传统医学，面向科学前沿，推动中医药理论和实践的发展。

科技是第一生产力，创新是引领发展的第一动力。中医药的发展离不开科技发展和创新。本法第 5 章对中医药科学研究作了专门规定，并且在多个条文中规定了中医药科技创新方面的内容，包括：国家鼓励科研机构、高等学校、医疗机构和药品生产企业等，运用现代科学技术和传统中医药研究方法，开展中医药科学研究，加强中西医结合研究，促进中医药理论和技术方法的继承和创新。国家采取措施支持对中医药古籍文献、著名中医药专家的学术思想和诊疗经验以及民间中医药技术方法的整理、研究和利用。国家鼓励组织和个人捐献有科学研究和临床应用价值的中医药文献、秘方、验方、诊疗方法和技术。国家建立和完善符合中医药特点的科学技术创新体系、评价体系和管理体制，推动中医药科学技术进步与创新。国家采取措施，加强对中医药基础理论和辨证论治方法，常见病、多发病、慢性病和重大疑难疾病、重大传染病的中医药防治，以及其他对中医药理论和实践发展有重大促进作用的项目的科学研究。国家保护中药饮片传统炮制技术和工艺，支持应用传统工艺炮制中药饮片，鼓励运用现代科学技术开展中药饮片炮制技术研究。国家保护传统中药加工技术和工艺，支持传统剂型中成药的生产，鼓励运用现代科学技术研究开发传统中成药，等等。

应当保护中医药知识产权。中医药知识产权是我国知识产权战略的重要领域。在本法制定过程中，有的全国人大常委会组成人员提出，国家要重视保护中医药知识产权，中医药要得到很好的发展，对中医药知识产权保护非常重要。从当前的情况看，我们对中医药知识产权保护做得很不够，比如中医药专利、技术秘密、商标、商业秘密等方面的保护还存在不少薄弱环节，如果不能保护好中医药的知识产权，在国内外都会受到侵犯，不利于中医药发展。因此，应当高度重视中医药知识产权保护。《中医药发展战略规划纲要（2016—2030 年）》提出，加快形成自主中医药知识产权，促进创新成果的知识产权化、商品化和产业化。提升中药工业知识产权运用能力，加强中医药知识产权国际保护。保护中医药知识产权的具体工作包括：（1）建立健全中医药知识产权保护制度。（2）开展中医药知识产权保护理论、政策与法制研究。(3) 完善中医药知识产权管理机制。(4) 培养中医药知识产权人才队伍。(5) 培育中医药知识产权服务机构。(6) 强化中医药科研全过程的知识产权管理。(7) 开展中医药传统知识保护技术研究。(8) 加强道地药材的保护、开发与利用。(9) 加强中医药国际合作与贸易中的知识产权管理。(10) 推动中医药知识产权保护的国际进程。(11) 开展中医药知识产权相关知识的宣传普及工作。

应当不断提高中医药科学技术水平。《关于加快中医药科技创新体系建设的若干意见》提出，到2030年，建成符合中医药自身发展规律和特点、适应我国经济社会发展和中医药事业发展需求、科技创新关键要素完备、运行协调高效的中医药科技创新体系。中医药科技创新体制机制更加完善，创新环境更加优化，科技资源配置更加合理，自主创新能力显著增强，符合中医药特点的方法学体系基本完备，在关键领域建成一批具有辐射能力的科技创新平台，培养一批高素质的科技领军人才团队，取得一批具有国际领先水平的重大科技成果，推动中医药现代化与国际化，科技支撑引领作用显著增强。

相关规定

《关于加快中医药科技创新体系建设的若干意见》。

第九条　国家支持中医药对外交流与合作，促进中医药的国际传播和应用。

条文主旨

本条是关于中医药对外交流与合作的规定。

立法背景

中医药是我国具有原创优势的医学资源、优秀的文化资源，具有巨大发展潜力，对世界医学发展具有重要影响。为推动中医药走向世界，促进中医药的国际传播和应用，更好地发挥中医药对人类健康事业的独特作用，本法有必要对加强中医药对外交流与合作作出规定。

条文解读

中医药在世界范围的传播与影响日益扩大，中医药对外交流与合作工作已成为我国外交工作和中国特色医药卫生事业发展中富有特色且不可或缺的重要组成部分。目前中医药学已经传播到全球173个国家和地区，中医药的国际合作有着良好的基础和广阔的空间。世界卫生组织提出，传统医药在实现“人人享有卫生保健”方面能够发挥重大作用。2009年，第62届世界卫生大会通过了《传统医学决议》，敦促各成员国推动将传统医学纳入国家卫生服务体系中予以发展。2014年5月，第67届世界卫生大会通过了《世卫组织2014—2023年传统医学战略》，确立了三项目标：建立传统医学信息库，为制定国家政策提供支持；加强监管，保证传统医学产品及服务的质量、安全、适当使用和有效性；促进传统医学服务的全民覆盖。据世界卫生组织 2014 年统计，世界上制定传统医学政策的国家有 69 个，制定草药监管法规的国家有 119 个，制定传统医学服务提供者监管法规的国家有 65 个。2009 年 9 月，国际标准化组织通过我国提案，成立了传统中医药技术委员会，旨在建立中医药国际标准化新平台，更好地实现中医药服务世界人民健康的美好愿望。截至 2015 年 6 月，中国已报出提案 47 个，占传统中医药技术委员会收到的全部提案的 62%，其中立项项目 25 个，《一次性使用无菌针灸针》《中医药 – 人参种子种苗 – 第一部分：亚洲人参》，成为率先出版的中医药国际标准。“中医针灸”已列入“人类非物质文化遗产代表作名录”，《本草纲目》和《黄帝内经》已列入“世界记忆名录”。许多国家明确了中医药（特别是中医针灸）的法律地位，将中医药纳入医疗保险范畴，中医诊所、针灸中心已成为许多国家提供传统医药服务的主要模式和场所。

我国积极开展中医药对外交流与合作，促进中医药的国际传播和应用。自上个世纪 90 年代至今，中国与外国政府、国际组织已签署 86 个专门的中医药合作协议。其中热点合作领域包括：中医药科研合作，药物、医疗设备研究与开发合作，建立传统医学诊疗研究机构合作，教育与培训合作，技术合作，产业贸易合作，中医药文化挖掘推广保护合作等。我国与亚洲及欧洲地区各国签订的协议数量最多。国家中医药管理局2015年设立首批共17个中医药国际合作专项，支持范围涵盖“一带一路”海外中医药中心建设、中医药健康服务业国际化建设、中医药文化国际传播、中医药产品国际市场标准化体系构建和中医药文化宣传等对外交流与合作重点领域。2015年10月，中国中医科学院研究员屠呦呦因受中医典籍启发找到治疗疟疾的青蒿素获得诺贝尔生理学或医学奖。青蒿素抗疟药物是目前抵抗疟疾耐药性效果最好的药物，给世界人民的健康福祉带来巨大改变；以青蒿素类药物为主的联合疗法，已经成为世界卫生组织推荐的抗疟疾标准疗法，这种药品已经挽救了上百万人的性命，将过去15年疟疾的致死率降低了一半。中医药对外交流与合作从自发、分散的方式，逐步转变为在政府框架协议指导下，多途径、宽领域、高水平的交流合作方式，中医药医疗、教育、科研和产品开始逐步全面走向国际。

根据《中医药发展战略规划纲要（2016—2030年）》，中医药对外交流与合作将进一步做好以下工作：深化与各国政府和世界卫生组织、国际标准化组织等的交流与合作，积极参与国际规则、标准的研究与制订，营造有利于中医药海外发展的国际环境。实施中医药海外发展工程，推动中医药技术、药物、标准和服务走出去，促进国际社会广泛接受中医药。本着政府支持、民间运作、服务当地、互利共赢的原则，探索建设一批中医药海外中心。支持中医药机构全面参与全球中医药各领域合作与竞争，发挥中医药社会组织的作用。在国家援外医疗中进一步增加中医药服务内容。推进多层次的中医药国际教育交流合作，吸引更多的海外留学生来华接受学历教育、非学历教育、短期培训和临床实习。扩大中医药国际贸易。将中医药国际贸易纳入国家对外贸易发展总体战略，构建政策支持体系，突破海外制约中医药对外贸易发展的法律、政策障碍和技术壁垒，加强中医药知识产权国际保护，扩大中医药服务贸易国际市场准入。支持中医药机构参与“一带一路”建设，扩大中医药对外投资和贸易。为中医药服务贸易发展提供全方位公共资源保障。鼓励中医药机构到海外开办中医医院、连锁诊所和中医养生保健机构。扶持中药材海外资源开拓，加强海外中药材生产流通质量管理。鼓励中医药企业走出去，加快打造全产业链服务的跨国公司和知名国际品牌。积极发展入境中医健康旅游，承接中医医疗服务外包，加强中医药服务贸易对外整体宣传和推介。

第十条　对在中医药事业中做出突出贡献的组织和个人，按照国家有关规定给予表彰、奖励。

条文主旨

本条是关于表彰和奖励的规定。

立法背景

法律具有引导作用。给予表彰、奖励是发挥法律引导作用的重要方式。表彰、奖励与处罚不同，处罚是通过制裁给予违法者的负向激励，表彰、奖励是通过鼓励给予社会成员的正向激励。发展中医药事业，不仅靠政府和有关部门，还需调动每一个社会成员的积极性，鼓励全社会参与中医药事业，形成共同支持中医药事业发展的良好社会氛围。

条文解读

本条需要把握以下几点：(1) 关于“突出贡献”。“突出贡献”是一个弹性规定，可以在相关规定中予以细化。如《国家科学技术奖励条例》规定，国家自然科学奖颁发的条件是“重大”科学发现，包括：前人尚未发现或者尚未阐明；具有重大科学价值；得到国内外自然科学界公认。国家技术发明奖颁发条件是“重大”技术发明，包括：前人尚未发明或者尚未公开；具有先进性和创造性；经实施，创造显著经济效益或者社会效益。《人力资源社会保障部、国家卫生计生委、国家中医药局关于评选国医大师、全国名中医的通知》（人社部函〔2016〕282 号）规定，获得“国医大师”称号的条件是：热爱祖国，热爱人民，拥护党的领导，热爱中医药事业，品行端正，医德高尚；从事中医临床或炮制、鉴定等中药临床使用相关工作 50 年以上，仍坚持临床工作，经验丰富，技术精湛；具有主任医师、主任药师或同等专业技术职务；中医药理论造诣深厚，学术成就卓越，学术思想或技术经验独到，在传承学术、培养继承人方面有较大建树等。（2）表彰、奖励包括两个方面：一是精神方面，如通报表彰，颁发奖状、奖杯、奖章、荣誉证书等；二是物质方面，包括发放奖金、给予物质奖赏等。（3）关于国家有关规定。包括两个方面：一是一般性规定，如《国家科学技术奖励条例》《教学成果奖励条例》等；二是特殊性规定，如《人力资源社会保障部、国家卫生计生委、国家中医药局关于评选国医大师、全国名中医的通知》等。

根据《国家科学技术奖励条例》，国家科学技术奖的设置包括：国家最高科学技术奖；国家自然科学奖；国家技术发明奖；国家科学技术进步奖；中华人民共和国国际科学技术合作奖。国家最高科学技术奖报请国家主席签署并颁发证书和奖金。国家自然科学奖、国家技术发明奖、国家科学技术进步奖由国务院颁发证书和奖金。中华人民共和国国际科学技术合作奖由国务院颁发证书。

有关方面积极推动对在中医药事业中做出突出贡献的组织和个人的表彰和奖励工作。如 2009 年，为表彰德高望重、医术精湛的名医名家的突出贡献，营造名医辈出的良好氛围，调动广大中医药工作者的积极性和创造性，人力资源和社会保障部、卫生部和国家中医药管理局在京联合举办首届“国医大师”表彰会，颁发奖章、证书，何任等30位从事中医临床工作的老专家获得了“国医大师”荣誉称号，享受省部级先进工作者和劳动模范待遇。2014年，召开第二届“国医大师”表彰会，授予干祖望等29位老专家“国医大师”荣誉称号。2016年，鉴于中国中医科学院屠呦呦研究员在青蒿素发现与药物研发方面的重要成就，国家中医药管理局推荐其申报国家最高科学技术奖。

相关规定

《国家科学技术奖励条例》;《教学成果奖励条例》;《人力资源社会保障部、国家卫生计生委、国家中医药局关于评选国医大师、全国名中医的通知》。

第二章 中医药服务

第十一条 县级以上人民政府应当将中医医疗机构建设纳入医疗机构设置规划，举办规模适宜的中医医疗机构，扶持有中医药特色和优势的医疗机构发展。

合并、撤销政府举办的中医医疗机构或者改变其中医医疗性质，应当征求上一级人民政府中医药主管部门的意见。

条文主旨

本条是关于加强医疗机构中医药服务以及中医医疗机构的变更或者撤销应当征求上一级政府中医药主管部门意见的规定。

立法背景

经过长期发展，我国已经建立了由医院、基层医疗卫生机构、专业公共卫生机构等组成的覆盖城乡的医疗卫生服务体系。截至2014年年底，全国共有中医类医院（包括中医、中西医结合、民族医医院）3732 所，中医类医院床位 75.5 万张，中医类执业（助理）医师 39.8 万人，2014 年中医类医院总诊疗人次 5.31 亿。医疗机构是加强中医药服务的重要物质基础，有必要在本法中作出相关规定。

条文解读

医疗机构是从事疾病诊断、治疗活动，经登记取得《医疗机构执业许可证》的机构。中医医疗机构包括各类中医医院（含中西医结合医院、民族医医院）、各类中医门诊部（含中西医结合门诊部、民族医门诊部）、各类中医诊所（含民族医诊所）等。《中医药发展战略规划纲要（2016—2030 年）》提出，完善覆盖城乡的中医医疗服务网络。全面建成以中医类医院为主体、综合医院等其他类别医院中医药科室为骨干、基层医疗卫生机构为基础、中医门诊部和诊所为补充、覆盖城乡的中医医疗服务网络。

县级以上人民政府应当将中医医疗机构建设纳入医疗机构设置规划。医疗机构设置规划，是以区域内居民实际医疗服务需求为依据，以合理配置、利用医疗卫生资源，公平、可及地向全体居民提供安全、有效的基本医疗服务为目的，对各级各类、不同隶属关系的医疗机构进行的统一规划、设置和布局。编制医疗机构设置规划，有利于引导医疗卫生资源合理配置，充分发挥有限资源的最大效率和效益，建立结构合理、覆盖城乡，适应我国国情、人口政策和具有中国特色的医疗服务体系，为人民群众提供安全、有效、方便、价廉的基本医疗卫生服务。

应当举办规模适宜的中医医疗机构。《中医药发展战略规划纲要（2016—2030 年）》提出，县级以上地方人民政府要在区域卫生规划中合理配置中医医疗资源，原则上在每个地市级区域、县级区域设置 1 个市办中医类医院、1 个县办中医类医院。《医疗机构设置规划指导原则（2016—2020 年）》提出，医疗机构的设置以医疗服务需求、医疗服务能力、千人口床位数（千人口中医床位数）、千人口医师数（千人口中医师数）和千人口护士数等主要指标进行宏观调控，具体指标值由各省、自治区、直辖市根据实际情况确定。

扶持有中医药特色和优势的医疗机构发展。扶持的医疗机构既包括了中医医疗机构，也包括了具有中医药特色和优势的其他医疗机构。如有的综合性医院，虽然不是中医医院，但其设置的中医药科室力量强，有特色和优势，这样的综合性医院也是政府应当扶持的。

合并、撤销政府举办的中医医疗机构或者改变其中医医疗性质，应当征求上一级人民政府中医药主管部门的意见。需要注意以下几点：（1）针对的是政府举办的中医医疗机构。根据出资者的不同，可以将中医医疗机构分为政府举办的中医医疗机构和社会力量举办的中医医疗机构。（2）政府举办的中医医疗机构发生以下三种变化需征求意见：合并，是指和其他医疗机构合并为一家中医医疗机构；

撤销，是指中医医疗机构由于不再符合要求，由有关机关取消其《医疗机构执业许可证》；改变中医医疗性质，如将中医医疗机构改变为非中医医疗机构。（3）征求上一级人民政府中医药主管部门的意见。对政府举办的中医医疗机构予以合并、撤销或者改变其中医医疗性质的，应先征求上一级人民政府中医药主管部门的意见后，再办理有关手续。

第十二条　政府举办的综合医院、妇幼保健机构和有条件的专科医院、社区卫生服务中心、乡镇卫生院，应当设置中医药科室。

县级以上人民政府应当采取措施，增强社区卫生服务站和村卫生室提供中医药服务的能力。

条文主旨

本条是关于医疗机构设置中医药科室、增强中医药服务能力的规定。

立法背景

中医药是我国独具特色的卫生资源，是中国特色医药卫生事业的显著特征和巨大优势，其临床疗效确切、预防保健作用独特、治疗方式灵活、费用较为低廉，深受广大人民群众的欢迎。只有坚持中西医并重方针，做好中医医疗服务资源配置，不断完善中医医疗服务体系，增强中医药服务能力，才能充分发挥中医药的优势和作用，满足人民群众对中医药服务的需要。《中医药发展战略规划纲要(2016—2030 年)》对综合医院、妇幼保健机构、乡镇卫生院和社区卫生服务中心等设置中医药科室、增强中医药服务能力提出了要求。为此，本条对医疗机构应当如何设置中医药科室、增强中医药服务能力作了规定。

条文解读

本条规定涉及的综合医院、妇幼保健机构、专科医院、社区卫生服务中心、乡镇卫生院以及社区卫生服务站和村卫生室都属于医疗机构的范围。其中，综合医院是科室设置较为完备的医院，通常设有内科、外科、妇科、儿科等主要科室，可满足各类常见病的诊疗。按照《全国医疗卫生服务体系规划纲要（2015—2020 年)》，在县级区域，原则上设置 1 个政府举办的县级综合医院。而专科医院是具有某一方面专业特色，专门从事某一类疾病诊疗的医院，例如骨科医院、妇产医院等。妇幼保健机构是为保障妇女儿童健康，提高出生人口素质，由政府举办，具有公共卫生性质的公益性事业单位，是为妇女儿童提供公共卫生和基本医疗服务的专业机构，分省、市（地)、县三级，一般称为妇幼保健院（所、站)。社区卫生服务中心是设置在城市街道，以社区居民为服务对象，提供社区基本公共卫生服务和社区基本医疗服务的医疗机构，即社区医院。乡镇卫生院是设置在乡镇，以乡村居民为服务对象，提供基本公共卫生服务和基本医疗服务的医疗机构。乡镇卫生院和社区卫生服务中心都属于基层医疗卫生机构，负责提供基本公共卫生服务，以及常见病、多发病的诊疗、护理、康复等综合服务，并受县级卫生行政部门委托，承担辖区内的公共卫生管理工作，负责对村卫生室、社区卫生服务站的综合管理、技术指导和乡村医生的培训等。社区卫生服务站是社区卫生服务中心的分支机构，一个社区卫生服务中心下设一定数量的社区卫生服务站，提供更便捷、更贴近社区居民的服务。村卫生室是在行政村设置的基层医疗卫生机构，是农村医疗卫生服务体系的基础，原则上一个行政村设置一所村卫生室。村卫生室、社区卫生服务站在乡镇卫生院和社区卫生服务中心的统一管理和指导下，承担行政村、居委会范围内人群的基本公共卫生服务和普通常见病、多发病的初级诊治、康复等工作。

根据本条第 1 款的规定，政府举办的综合医院、妇幼保健机构和有条件的专科医院、社区卫生服务中心、乡镇卫生院，应当设置中医药科室。这里需要注意两点：一是该款只规定政府举办的综合医院等医疗机构，即公立医疗机构应当设立中医药科室，社会力量举办的医疗机构可根据自身情况决定是否设置中医药科室。二是有条件的专科医院、社区卫生服务中心、乡镇卫生院也应当设置中医药科室。是否属于“有条件”，应当按照国家有关规定执行。

根据本条第 2 款的规定，县级以上人民政府应当采取措施，增强社区卫生服务站和村卫生室提供中医药服务的能力。社区卫生服务站和村卫生室作为最基层的医疗卫生机构，虽然不一定设置中医药科室，但也要具备和增强提供中医药服务的能力。本法第 16 条第 2 款也规定，社区卫生服务站以及有条件的村卫生室应当合理配备中医药专业技术人员，并运用和推广适宜的中医药技术方法。

第十三条　国家支持社会力量举办中医医疗机构。

社会力量举办的中医医疗机构在准入、执业、基本医疗保险、科研教学、医务人员职称评定等方面享有与政府举办的中医医疗机构同等的权利。

条文主旨

本条是关于支持社会力量举办中医医疗机构的规定。

立法背景

社会力量举办的中医医疗机构，即非公立医疗机构。鼓励和引导社会力量举办中医医疗机构，有利于增加中医医疗服务资源，扩大中医医疗服务供给，满足人民群众多层次、多元化的医疗服务需求；有利于建立竞争机制，提高中医医疗服务效率和质量，完善中医医疗服务体系。为此，本条对支持社会力量举办中医医疗机构专门作了规定。

条文解读

本条第 1 款对国家支持社会力量举办中医医疗机构作了原则性规定。国家支持社会力量举办中医医疗机构的具体措施体现在国家发展中医药的政策文件中。例如，《中医药发展战略规划纲要（2016—2030 年）》提出，鼓励社会力量举办连锁中医医疗机构，对社会资本举办只提供传统中医药服务的中医门诊部、诊所，医疗机构设置规划和区域卫生发展规划不作布局限制，支持有资质的中医专业技术人员特别是名老中医开办中医门诊部、诊所，鼓励药品经营企业举办中医坐堂医诊所。保证社会办和政府办中医医疗机构在准入、执业等方面享有同等权利。此外，《国务院办公厅转发发展改革委卫生部等部门关于进一步鼓励和引导社会资本举办医疗机构意见的通知》（国办发〔2010〕58 号）也规定了一系列支持措施。

根据本条第 2 款的规定，社会力量举办的中医医疗机构在准入、执业、基本医疗保险、科研教学、医务人员职称评定等方面享有与政府举办的中医医疗机构同等的权利。主要是五个方面的同等权利：一是准入方面，即在依照《医疗机构管理条例》申请取得设置医疗机构批准书和医疗机构执业许可证等准入许可时，享有同等权利。二是执业方面，即在医疗机构开展执业活动方面享有同等权利。三是基本医疗保险方面，即在纳入医保定点医疗机构及医保支付范围等方面享有同等权利。四是科研教学方面，即在申请科研项目、申请作为临床教学基地等方面享有同等权利。五是医务人员职称评定方面，即医务人员在申请评定住院医师、主治医师、副主任医师、主任医师等各类技术职称时，享有同等权利。各地区、各有关部门要解放思想、转变观念，充分认识鼓励和引导社会力量举办医疗机构的重要意义。要抓紧清理和修改涉及非公立医疗机构准入、执业、监管等方面的文件，结合实际制定和完善鼓励引导社会力量举办医疗机构的实施细则和配套文件，消除阻碍非公立医疗机构发展的政策障碍，为社会力量举办医疗机构营造良好氛围，促进非公立医疗机构持续健康发展。

相关规定

《国务院办公厅转发发展改革委卫生部等部门关于进一步鼓励和引导社会资本举办医疗机构意见的通知》；《医疗机构管理条例》。

第十四条　举办中医医疗机构应当按照国家有关医疗机构管理的规定办理审批手续，并遵守医疗机构管理的有关规定。

举办中医诊所的，将诊所的名称、地址、诊疗范围、人员配备情况等报所在地县级人民政府中医药主管部门备案后即可开展执业活动。中医诊所应

当将本诊所的诊疗范围、中医医师的姓名及其执业范围在诊所的明显位置公示，不得超出备案范围开展医疗活动。具体办法由国务院中医药主管部门拟订，报国务院卫生行政部门审核、发布。

条文主旨

本条是关于举办中医医疗机构特别是中医诊所的规定。

立法背景

中医药具有鲜明的特色和优势，在很多方面不同于西医药。实践中，一些希望个人开业的中医执业医师，虽然执业经验丰富、专业水平高超，但因为难以达到取得医疗机构执业许可证所要求的设施设备等条件，而无法举办中医诊所。为建立符合中医药特点的管理制度，发展中医医疗服务，考虑到中医诊所主要是医师坐堂望闻问切，服务简便，不像西医医疗机构需要配备相应的仪器设备，本条对《医疗机构管理条例》等规定的管理制度进行改革完善，将中医诊所由许可管理改为备案管理。

条文解读

本条第 1 款对举办中医医疗机构的要求作了原则性规定，即举办中医医疗机构应当按照国家有关医疗机构管理的规定办理审批手续，并遵守医疗机构管理的有关规定。目前国家有关医疗机构管理的规定主要是《医疗机构管理条例》及其实施细则。根据《医疗机构管理条例》及其实施细则的规定，举办中医医疗机构应当符合医疗机构设置规划和医疗机构基本标准，并办理以下审批手续：一是单位或者个人设置医疗机构，必须经县级以上地方人民政府卫生行政部门审查批准，并取得设置医疗机构批准书，方可向有关部门办理其他手续。二是医疗机构执业，必须进行登记，领取医疗机构执业许可证。此外，《医疗机构管理条例》及其实施细则对医疗机构的执业等方面的管理也作了规定，例如医疗机构必须将医疗机构执业许可证、诊疗科目、诊疗时间和收费标准悬挂于明显处所；医疗机构必须按照核准登记的诊疗科目开展诊疗活动。除本法另有规定外，举办中医医疗机构应当遵守《医疗机构管理条例》及其实施细则的有关规定。

本条第 2 款对举办中医诊所作了特别规定，是对本条第 1 款的例外规定。根据该款规定，举办中医诊所的，将诊所的名称、地址、诊疗范围、人员配备情况等报所在地县级人民政府中医药主管部门备案后即可开展执业活动，即将中医诊所由一般医疗机构实行的审批管理改为备案管理。举办中医诊所要在开展执业活动前，将有关情况报所在地县级人民政府中医药主管部门备案。同时，为加强监管，保证医疗安全，该款规定，中医诊所应当将本诊所的诊疗范围、中医医师的姓名及其执业范围在诊所的明显位置公示，不得超出备案范围开展医疗活动。中医诊所实行备案管理的具体办法由国务院中医药主管部门拟订，报国务院卫生行政部门审核、发布。

需要注意的是，除本条第2款所作的特别规定外，举办中医诊所仍然需要遵守《医疗机构管理条例》及其实施细则的有关规定。

相关规定

《医疗机构管理条例》；《医疗机构管理条例实施细则》。

第十五条 从事中医医疗活动的人员应当依照《中华人民共和国执业医师法》的规定，通过中医医师资格考试取得中医医师资格，并进行执业注册。中医医师资格考试的内容应当体现中医药特点。

以师承方式学习中医或者经多年实践，医术确有专长的人员，由至少两名中医医师推荐，经省、自治区、直辖市人民政府中医药主管部门组织实践技能和效果考核合格后，即可取得中医医师资格；按照考核内容进行执业注册后，即可在注册的执业范围内，以个人开业的方式或者在医疗机构内从事中医医疗活动。国务院中医药主管部门应当根据中医药技术方法的安全风险拟订本款规定人员的分类考核办法，报国务院卫生行政部门审核、发布。

条文主旨

本条是关于中医医师资格管理的规定。

立法背景

师承方式学习中医是中医药人才的传统培养方式，另外在民间还存在一些人虽未接受正规的中医教育，但经多年实践在中医药方面有一技之长。这些人员由于未接受系统的医学院校教育，没有取得国家承认的学历证书，无法参加一般的医师资格考试。考虑到这一特殊情况，1998 年通过的执业医师法规定，以师承方式学习传统医学满三年或者经多年实践医术确有专长的，经县级以上人民政府卫生行政部门确定的传统医学专业组织或者医疗、预防、保健机构考核合格并推荐，可以参加执业医师资格或者执业助理医师资格考试。考试的内容和办法由国务院卫生行政部门另行制定。2006 年制定的《传统医学师承和确有专长人员医师资格考核考试办法》（卫生部令第 52 号）等有关文件，对师承人员和确有专长人员参加医师资格考核考试作了明确规定。上述规定对解决此类人员的医师资格问题发挥了积极作用，但在实践中，仍有不少以师承方式学习中医或者经多年实践的人员，虽然实践经验丰富，医术确有专长，但因为无法通过以基础理论为主要内容的医师资格考试，而无法取得医师资格。为进一步解决此类人员的医师资格问题，发挥他们的积极作用，引导和规范他们更好地提供中医药服务，本法在执业医师法规定的基础上，作了进一步改革完善，确立了通过考核方式取得中医医师资格的制度。

条文解读

本条第1款对中医医师资格管理作了原则性规定。一是从事中医医疗活动的人员应当依照执业医师法的规定，通过中医医师资格考试取得中医医师资格，并进行执业注册。根据执业医师法第2条的规定，医师包括执业医师和执业助理医师。国家实行医师资格考试制度和医师执业注册制度。其中，医师资格考试分为执业医师资格考试和执业助理医师资格考试。第9条规定，具有下列条件之一的，可以参加执业医师资格考试：（1）具有高等学校医学专业本科以上学历，在执业医师指导下，在医疗、预防、保健机构中试用期满一年的；（2）取得执业助理医师执业证书后，具有高等学校医学专科学历，在医疗、预防、保健机构中工作满二年的；具有中等专业学校医学专业学历，在医疗、预防、保健机构中工作满五年的。具有高等学校医学专科学历或者中等专业学校医学专科学历，在执业医师指导下，在医疗、预防、保健机构中试用期满一年的，可以参加执业助理医师资格考试。医师资格考试成绩合格，取得执业医师资格或者执业助理医师资格。取得医师资格的，可以向所在地县级以上人民政府卫生行政部门申请注册。医师经注册后，可以在医疗、预防、保健机构中按照注册的执业地点、执业类别、执业范围执业，从事相应的医疗、预防、保健业务。未经医师注册取得执业证书，不得从事医师执业活动。申请个体行医的执业医师，须经注册后在医疗、预防、保健机构中执业满五年，并按照国家有关规定办理审批手续；未经批准，不得行医。二是中医医师资格考试的内容应当体现中医药特点。在中医药法立法过程中，有的意见提出，中医药有其独特理论和技术方法，中医医师资格考试的内容应当体现中医药特点，避免西医化。根据这一意见，中医药法增加相应规定，强调中医医师资格考试的内容应当体现中医药特点。

本条第 2 款对以师承方式学习中医或者经多年实践，医术确有专长的人员的资格管理作了特别规定。根据该款规定，一是以师承方式学习中医或者经多年实践，医术确有专长的人员，由至少两名中医医师推荐，经省、自治区、直辖市人民政府中医药主管部门组织实践技能和效果考核合格后，即可取得中医医师资格。即此类人员可以通过考核的方式，无需通过考试即可取得医师资格，这是对本条第 1 款的例外规定。二是此类人员取得中医医师资格并按照考核内容进行执业注册后，即可在注册的执业范围内，以个人开业的方式或者在医疗机构内从事中医医疗活动。这里强调，此类人员应当按照考核的内容，即一定的专长，进行执业注册，并在注册的执业范围内开展执业活动。例如考核的是中医正骨，就只能注册中医正骨，不得超出考核范围进行注册和执业。此外，根据执业医师法的规定，申请个体行医的执业医师，须经注册后在医疗、预防、保健机构中执业满五年。根据该款规定，此类人员按照考核内容进行执业注册后，即可以个人开业的方式从事中医医疗活动，无需在医疗、预防、保健机构中执业满五年。三是国务院中医药主管部门应当根据中医药技术方法的安全风险拟订此类人员的分类考核办法，报国务院卫生行政部门审核、发布。

相关规定

《中华人民共和国执业医师法》第2条、第8～20条。

第十六条 中医医疗机构配备医务人员应当以中医药专业技术人员为主，主要提供中医药服务；经考试取得医师资格的中医医师按照国家有关规定，经培训、考核合格后，可以在执业活动中采用与其专业相关的现代科学技术方法。在医疗活动中采用现代科学技术方法的，应当有利于保持和发挥中医药特色和优势。

社区卫生服务中心、乡镇卫生院、社区卫生服务站以及有条件的村卫生室应当合理配备中医药专业技术人员，并运用和推广适宜的中医药技术方法。

条文主旨

本条是关于医疗机构如何配备中医药专业技术人员、提供中医药服务的规定。

立法背景

中医看病主要通过望闻问切，诊疗方式灵活、费用较为低廉，这是中医的特色和优势。但是实践中，有的中医医疗机构为获取更多经济利益，在医疗活动中过度使用现代科学技术方法，不仅增加了患者的医疗成本，也使中医药的特色和优势得不到发挥。针对这一问题，本条对中医医疗机构如何提供中医药服务等作了规定。

条文解读

本条第 1 款对中医医疗机构如何配备中医药专业技术人员、提供中医药服务作了规定。根据该款规定，一是中医医疗机构配备医务人员应当以中医药专业技术人员为主，主要提供中医药服务。这是对中医医院等中医医疗机构的基本要求，即“两个为主”，人员配备要以中医药专业技术人员为主，服务提供也要以中医药服务为主。二是经考试取得医师资格的中医医师按照国家有关规定，经培训、考核合格后，可以在执业活动中采用与其专业相关的现代科学技术方法。在中医药法草案审议过程中，有的意见提出，中医与西医一样，在执业活动中都需要采用一些必要的现代诊疗技术方法，建议不以出身定终身，明确中医医师经培训、考核合格后，也可以采用相应的现代诊疗技术方法。为此，该款增加了这一规定。需要注意的是，中医医师可以采用哪些现代科学技术方法，应当按照国家有关规定，并经培训、考核合格。三是在医疗活动中采用现代科学技术方法的，应当有利于保持和发挥中医药特色和优势。即中医医疗机构、中医医师在医疗活动中采用现代科学技术方法的，应当以保持和发挥中医药特色和优势为出发点。例如电子艾灸是根据传统的中医艾灸原理，采用电刺激的治疗方法，弥补了传统艾灸烟熏火燎、灰烬烫伤、操作不便、效率低下等不足，是中医药理论与现代科学技术方法的有益结合，有利于保持和发挥中医药特色和优势。

本条第 2 款对基层卫生服务机构如何配备中医药专业技术人员、推广中医药技术方法作了规定。根据该款规定，一是社区卫生服务中心、乡镇卫生院、社区卫生服务站以及有条件的村卫生室应当合理配备中医药专业技术人员。例如，《社区卫生服务中心中医药服务管理基本规范》（国中医药发〔2003〕56 号）规定，社区卫生服务中心应当配备类别、层次和数量适宜的中医药专业技术人员。中医执业医师应当占执业医师总数中的一定比例，具体比例由省级中医药管理部门制定。社区卫生服务中心应当至少有 1 名中级以上职称的中医专业技术人员。二是社区卫生服务中心、乡镇卫生院、社区卫生服务站以及有条件的村卫生室应当运用和推广适宜的中医药技术方法。中医药适宜技术方法，通常是指安全有效、成本低廉、简便易学的中医药技术方法。例如，根据《乡镇卫生院中医药服务管理基本规范》（国中医药发〔2003〕56号），乡镇卫生院应当提供基本的中医医疗服务，在门诊、病房、出诊、家庭病床等工作中运用中医理论辨证论治处理常见病、多发病、慢性病；根据“简、便、验、廉”的原则，运用包括中药、针灸、推拿、火罐、敷贴、刮痧、熏洗、穴位注射、热熨等在内的5种以上中医药适宜技术。需要注意的是，社区卫生服务中心、乡镇卫生院、社区卫生服务站以及有条件的村卫生室除了依靠中医药专业技术人员运用适宜的中医药技术方法，其他医务人员也要积极推广适宜的中医药技术方法，促进中西医技术方法在医疗实践中的结合。

相关规定

《社区卫生服务中心中医药服务管理基本规范》；《乡镇卫生院中医药服务管理基本规范》。

第十七条　开展中医药服务，应当以中医药理论为指导，运用中医药技术方法，并符合国务院中医药主管部门制定的中医药服务基本要求。

条文主旨

本条是关于开展中医药服务应当遵循的要求的规定。

条文解读

根据本条规定，开展中医药服务应当遵循三方面的要求。

一是开展中医药服务，应当以中医药理论为指导。中医药是反映中华民族对生命、健康和疾病的认识，具有悠久历史传统和独特理论及技术方法的医药学体系。开展中医药服务，当然应当以中医药理论为指导。这里的中医药理论既包括传统中医药理论，也包括现代中医药理论；既包括有关中医的理论，也包括有关中药的理论，例如中医基础理论、中药药性理论、方剂配伍理论等。

二是开展中医药服务，应当运用中医药技术方法。中医药技术方法主要包括中药、针灸、推拿、火罐、敷贴、刮痧、熏洗、穴位注射、热熨等。当然，中医药技术方法既源于传统，也在不断创新。中医药技术方法不是一成不变的，是一个与时俱进的体系。

三是开展中医药服务，应当符合国务院中医药主管部门制定的中医药服务基本要求。开展中医药服务，除了要以中医药理论为指导，运用中医药技术方法外，还应当符合国务院中医药主管部门制定的中医药服务基本要求。目前国务院中医药主管部门制定的中医药服务基本要求主要有：《乡镇卫生院中医药服务管理基本规范》和《社区卫生服务中心中医药服务管理基本规范》（国中医药发〔2003〕56号）、《中医病历书写基本规范》（国中医药医政发〔2010〕

29号)、《中药处方格式及书写规范》(国中医药医政发〔2010〕57号) 等。今后，国务院中医药主管部门可以根据本法规定，进一步补充、完善有关的中医药服务基本要求。

第十八条 县级以上人民政府应当发展中医药预防、保健服务，并按照国家有关规定将其纳入基本公共卫生服务项目统筹实施。

县级以上人民政府应当发挥中医药在突发公共卫生事件应急工作中的作用，加强中医药应急物资、设备、设施、技术与人才资源储备。

医疗卫生机构应当在疾病预防与控制中积极运用中医药理论和技术方法。

条文主旨

本条是关于中医药在公共卫生工作中的作用的规定。

立法背景

中医药的独特优势不仅体现在医疗服务中，也同样体现在公共卫生服务中。近年来，中医药在突发公共卫生事件医疗卫生救援工作中发挥了积极作用，取得了良好效果，具有疗法简便易行、临床疗效确切、治疗方式灵活、预防作用独特、费用相对低廉等特点，是突发公共事件卫生应急工作的重要力量。特别是我国防治非典（SARS）的实践证明，积极利用中医药资源，实行中西医结合，在传染性疾病防治方面具有明显优势。为进一步发挥中医药在公共卫生工作中的作用，本条作了专门规定。

条文解读

本条第 1 款规定，县级以上人民政府应当发展中医药预防、保健服务，并按照国家有关规定将其纳入基本公共卫生服务项目统筹实施。中医历来重视预防保健，围绕“治未病”理念，几千年来通过实践逐步构成的“未病先防、已病防变、瘥后防复”的理论体系，与公共卫生服务以“预防为主”的核心理念十分契合。基本公共卫生服务项目是我国政府针对当前城乡居民存在的主要健康问题，以儿童、孕产妇、老年人、慢性疾病患者为重点人群，面向全体居民免费提供的最基本的公共卫生服务。基本公共卫生服务项目是深化医药卫生体制改革的重要工作，是促进基本公共卫生服务逐步均等化的重要内容。2013 年，国家卫生计生委、国家中医药管理局联合印发了《中医药健康管理服务规范》，在基本公共卫生服务项目中增加中医药健康管理服务项目，每年为老年人提供中医药健康管理服务，同时在儿童不同月龄段对儿童家长进行儿童中医药健康指导。将中医药预防、保健服务纳入基本公共卫生服务项目统筹实施，充分发挥中医药在基本公共卫生服务中的优势和作用，对于提高人民健康水平具有十分重要的意义。

本条第 2 款规定，县级以上人民政府应当发挥中医药在突发公共卫生事件应急工作中的作用，加强中医药应急物资、设备、设施、技术与人才资源储备。根据突发事件应对法和《国家突发公共事件总体应急预案》，突发公共卫生事件是突发事件的一种，主要包括传染病疫情、群体性不明原因疾病、食品安全和职业危害、动物疫情以及其他严重影响公众健康和生命安全的事件。县级以上人民政府应当依照法律法规和应急预案的要求，加强中医药应急物资、设备、设施、技术与人才资源储备，发挥中医药在突发公共卫生事件应急工作中的作用。

本条第 3 款规定，医疗卫生机构应当在疾病预防与控制中积极运用中医药理论和技术方法。这里的医疗卫生机构包括医院等医疗机构和疾病预防控制机构等公共卫生机构。根据传染病防治法，各级疾病预防控制机构承担传染病监测、预测、流行病学调查、疫情报告以及其他预防、控制工作。医疗机构承担与医疗救治有关的传染病防治工作和责任区域内的传染病预防工作。实践已经证明，中医药在疾病防控中具有独特优势，医疗卫生机构应当根据本条规定，在疾病预防与控制中积极运用中医药理论和技术方法，充分发挥中医药的重要作用。

相关规定

《中华人民共和国传染病防治法》；《中华人民共和国突发事件应对法》；《国家突发公共事件总体应急预案》。

第十九条 医疗机构发布中医医疗广告，应当经所在地省、自治区、直辖市人民政府中医药主管部门审查批准；未经审查批准，不得发布。发布的中医医疗广告内容应当与经审查批准的内容相符合，并符合《中华人民共和国广告法》的有关规定。

条文主旨

本条是关于医疗机构发布中医医疗广告的规定。

立法背景

医疗机构通过一定的媒介或形式向社会公众宣传其中医医疗服务，能及时为患者提供就医信息。但现实中一些医疗机构受到利益的驱使，发布一些不科学、不真实、不合法的中医医疗广告，夸大治疗效果，这些行为不仅损害了中医药事业的发展，同时也扰乱了医疗市场秩序，严重损害了患者的利益，有的甚至延误了患者的疾病治疗，给患者造成人身和财产的损害。为了进一步规范医疗市场秩序，保障人民群众的身体健康和生命安全，必须加强对医疗机构发布中医医疗广告的管理。

条文解读

一是明确广告审查主体。广告法第 6 条规定，工商行政管理部门负责广告的监督管理工作，有关主管部门在各自的职责范围内负责广告管理相关工作。医疗机构发布中医医疗广告，其广告内容涉及中医医疗服务，中医药主管部门作为中医医疗服务的主管部门，本条赋予了其对中医医疗广告审查批准的职责，其要认真担负起这一监管职责。

二是发布中医医疗广告必须经主管部门批准。医疗机构发布中医医疗广告，应当在发布前由该医疗机构向所在地的省级人民政府中医药主管部门对广告内容进行审查。经审查符合要求的，予以批准。对未予批准的广告，医疗机构不能发布。

三是发布的内容必须与审查批准的内容相一致。根据广告法的规定，广告内容涉及的事项需要取得行政许可的，应当与许可的内容相符合。本条在广告法的基础上作了进一步明确，医疗机构违反本条规定，发布的中医医疗广告内容与经审查批准的内容不相符的，按照本法第 57 条的规定，由原审查部门撤销该广告的审查批准文件，一年内不受理该医疗机构的广告审查申请。

四是符合广告法的相关规定。广告法对广告的内容进行了明确的要求。如医疗广告不得含有下列内容：（1）表示功效、安全性的断言或者保证；（2）说明治愈率或者有效率；（3）与其他药品、医疗器械的功效和安全性或者其他医疗机构比较；（4）利用广告代言人作推荐、证明；（5）法律、行政法规规定禁止的其他内容。广告应当真实、合法，以健康的表现形式表达广告内容，符合社会主义精神文明建设和弘扬中华民族优秀传统文化的要求。广告不得含有虚假或者引人误解的内容，不得欺骗、误导消费者等。广告法的上述内容同样适用于中医医疗广告。

相关规定

《中华人民共和国广告法》第 3 条、第 4 条、第 6 条、第 16 条；《中华人民共和国中医药法》第 57 条。

第二十条 县级以上人民政府中医药主管部门应当加强对中医药服务的监督检查，并将下列事项作为监督检查的重点：

（一）中医医疗机构、中医医师是否超出规定的范围开展医疗活动；

（二）开展中医药服务是否符合国务院中医药主管部门制定的中医药服务基本要求；

（三）中医医疗广告发布行为是否符合本法的规定。

中医药主管部门依法开展监督检查，有关单位和个人应当予以配合，不得拒绝或者阻挠。

条文主旨

本条是关于中医药主管部门对中医药服务进行监督检查的规定。

立法背景

目前，在中医药服务行业还存在着一些违法行为，扰乱了医疗市场，影响了中医的声誉，同时也严重影响了中医药事业的发展。为了进一步规范中医药服务行为，必须对其加强监督检查，通过监督检查，可以有针对性的采取措施，加强监管，为人民群众提供满意的中医药服务。

条文解读

中医药主管部门作为中医药服务的主要监管部门，对中医药服务进行日常的监督检查是其重要的工作职责。本条将以下三项作为监督检查的重点：

一是中医医疗机构、中医医师是否超出规定的范围开展医疗活动。本法第14条规定，举办中医医疗机构应当按照国家有关医疗机构管理的规定办理审批手续，并遵守医疗机构管理的有关规定。举办中医诊所的，将诊所的名称、地址、诊疗范围、人员配备情况等报所在地县级人民政府中医药主管部门备案后即可开展执业活动。中医诊所应当将本诊所的诊疗范围、中医医师的姓名及其执业范围在诊所的明显位置公示，不得超出备案范围开展医疗活动。第15条第2款规定，以师承方式学习中医或者经多年实践，医术确有专长的人员考核合格后，按照考核内容进行执业注册后，即可在注册的执业范围内以个人开业的方式或者在医疗机构内从事中医医疗活动。根据这一规定，通过考核的方式取得医师资格的人员只能在注册的执业范围内执业，严禁超范围执业。中医医疗机构、中医医师承担着提供基本医疗服务等重要任务，加强对中医医疗机构、中医医师的监管，对于提高医疗质量，保障医疗安全，提高群众对中医医疗服务的信任度，改善群众健康状况等具有重要意义。

二是开展中医药服务是否符合国务院中医药主管部门制定的中医药服务基本要求。本法第 17 条规定，开展中医药服务，应当以中医药理论为指导，运用中医药技术方法，并符合国务院中医药主管部门制定的中医药服务基本要求。为了规范中医药服务行为，国家中医药局针对中医药服务制定了不少规定，如《乡镇卫生院中医药服务管理基本规范》《社区卫生服务中心中医药服务管理基本规范》《乡村医生中医药知识与技能基本要求》《医院中药饮片管理规范》等，中医药管理部门在进行监督检查时，应对照这些规定，对从事中医药服务的机构、人员进行检查，对不符合要求的要及时纠正。

三是中医医疗广告发布行为是否合法。本法第 19 条对医疗机构发布中医医疗广告的程序、条件、内容等作了具体规定。医疗机构应严格按照法律规定的条件、程序办理。对未按要求进行报批，发布的医疗广告内容与审批内容不一致，或者违反广告法对医疗广告内容规定的行为，都属于监督检查的重点。

本条第2款规定了有关单位和个人的配合义务。对中医药服务进行监督检查，是做好中医药服务工作的重要方面，为了保障中医药主管部门监督检查的顺利开展，本条规定有关单位和个人应当予以配合，不得拒绝或者阻挠。如需要医疗机构提供相关材料和样品，该医疗机关不得拒绝提供。

相关规定

《中华人民共和国广告法》；《中华人民共和国中医药法》第14条、第15条、第17条、第19条；《医疗机构管理条例》；《医疗广告管理办法》。

第三章 中药保护与发展

第二十一条 国家制定中药材种植养殖、采集、贮存和初加工的技术规范、标准，加强对中药材生产流通全过程的质量监督管理，保障中药材质量安全。

条文主旨

本条是关于中药材生产流通全过程监管总体要求的规定。

立法背景

2015年《中药材保护和发展规划（2015—2020年）》中指出，中药材保护和发展仍然面临严峻挑战。一方面，由于土地资源减少、生态环境恶化，部分野生中药材资源流失、枯竭，中药材供应短缺的问题日益突出。另一方面，中药材生产技术相对落后，重产量轻质量，滥用化肥、农药等现象较为普遍，导致中药材品质下降，影响中药质量和临床疗效，损害了中医药信誉。为了保障中药材的质量，保障中医药事业可持续发展，本条对中药材的种植养殖、采集、贮存、炮制等环节作了总的要求，加强对中药材生产流通全过程的质量监督管理。

条文解读

中药材是中药的源头，其质量的好坏不仅影响中草药制剂的疗效，也关系着患者的身心安全。目前，我国中药材人工种植养殖还不够规范，栽培药材技术力量不足，药材种子、土壤、农药及药材采收、加工、储藏等全过程的质量管理措施难以有效实施。上述问题已经危及整个中药产业的健康发展。国家已经出台了一系列规范中药材种植养殖、采集、加工的技术规范和中药材质量的标准，如《中华人民共和国药典》《中药材生产质量管理规范（试行)》《中药材仓库技术规范》《中药材仓储管理规范》等。按照《中药材保护和发展规划（2015—2020 年)》中提出的要求，到 2020 年要完成制修订 120 种中药材国家标准；完善农药、重金属及有害元素、真菌等安全性检测方法和指标，建立中药材外源性有害物质残留数据库，建立 50 种药食两用中药材的安全性质量控制标准；完成 10 种野生变种植养殖大宗中药材的安全和质量一致性评价。建设可供社会共享的国家中药材标准信息化管理平台。目前，相关部门正在加快制定完善中药材相关技术规范、标准。如制定中药材良种繁育技术规范和中药材种子、种苗标准，建立无公害种植过程中田间管理、投入品施用（水、肥料、农药等）操作环节的技术要求和控制标准；制定人工种植、养殖和野生中药材采收、产地加工规范及标准，制定中药材等级标准，制定中药材包装及仓储规范标准等等。

相关规定

《中药材保护和发展规划（2015—2020年）》。

第二十二条　国家鼓励发展中药材规范化种植养殖，严格管理农药、肥料等农业投入品的使用，禁止在中药材种植过程中使用剧毒、高毒农药，支持中药材良种繁育，提高中药材质量。

条文主旨

本条是关于中药材种植养殖中农业投入品使用管理的规定。

立法背景

目前，一些中药材的种植养殖者为了提高产量，盲目使用农药、肥料等农业投入品，导致中药材农药残留和重金属含量超标，影响了中药的质量安全，所以在种植养殖过程中，需要对农业投入品的使用方面依法加以严格规范，从源头上把好中药材的质量关。

条文解读

本条包含以下四方面内容：

（一）鼓励发展中药材规范化种植养殖。中药材规范化种植养殖，有利于提高中药材质量，在此方面，一是要制定规范标准，二是要提高规范化种植养殖水平。目前，我国的中药材生产组织形式还是以农民家庭为单位的生产形式，这种生产方式造成规范化和规模化程度低，药材种子、土壤、农药及药材采收、加工、储藏等全过程的质量管理措施难以有效实施。2016 年国务院发布的《中医药发展战略规划纲要（2016—2030 年)》中提出，要全面提升中药产业发展水平，推进中药材规范化种植养殖，制定中药材主产区种植区域规划。加强对中药材种植养殖的科学引导，大力发展中药材种植养殖专业合作社和合作联社，提高规模化、规范化水平。

（二）严格管理农业投入品使用。农业投入品是农业生产的必不可少的物质，是关系农产品质量安全的重要因素，主要包括农药、兽药、饲料、饲料添加剂、肥料等。《中华人民共和国农产品质量安全法》《农药管理条例》《兽药管理条例》《饲料和饲料添加剂管理条例》等，对农药、肥料等农业投入品的使用都有明确要求。如《农药管理条例》规定，使用农药应当遵守国家有关农药安全、合理使用的规定，按照规定的用量、次数、方法和安全间隔期施药，防止污染农产品。《兽药管理条例》规定，兽药用于食用动物时，饲养者应当向购买者或者屠宰者提供准确、真实的用药记录；购买者或者屠宰者应当确保动物及其产品在用药期、休药期内不被用于食品消费。禁止在饲料和动物饮用水中添加激素类药品和国务院兽医行政管理部门规定的其他禁用药品，禁止将原料药直接添加到饲料及动物饮用水中或者直接饲喂动物等。在农药方面，2002年农业部发布公告，明令禁止使用六六六、滴滴涕、毒杀芬、毒鼠强等18种农药；2006年6月农业部等四部委发布公告，自2007年1月起禁止生产销售使用甲胺磷、甲基对流磷、对流磷、久效磷、磷胺5种高毒农药。在兽药方面，2002年3月农业部发布公告，列明了21类食品动物禁用的兽药及其他化合物清单。

（三）中药材种植过程中的禁止性规定。本条规定禁止将高毒、剧毒农药用于中药材种植过程。《农药管理条例》第27条第2款规定："剧毒、高毒农药不得用于防治卫生害虫，不得用于蔬菜、瓜果、茶叶和中草药材。"2002年农业部出台规定禁止将甲胺磷、甲基对流磷、对流磷、久效磷等19种高毒农药用于蔬菜、果树、茶叶和中草药材，禁止将三氯杀螨醇、氯戊菊酯用于茶树施药。2015年新修改的食品安全法增加了禁止将剧毒、高毒农药用于蔬菜、瓜果、茶叶和中草药材等国家规定的农作物。本条的这一规定也是与食品安全法和《农药管理条例》的规定相衔接的。

（四）支持中药材良种繁育。通过药用植物种质创新及良种繁育，可充分发挥其优良属性，良种选育是提高植物产量、质量和经济利用价值的重要措施。2015年《中药材保护和发展规划（2015—2020年）》提出，建设中药材良种繁育基地。推广使用优良品种，推动制订中药材种子种苗标准，在适宜产区开展标准化、规模化、产业化的种子种苗繁育，从源头保证优质中药材生产。

相关规定

《农药管理条例》第 27 条；《饲料和饲料添加剂管理条例》；《兽药管理条例》；《中药材保护和发展规划（2015—2020 年）》；《中医药发展战略规划纲要（2016—2030 年）》。

第二十三条　国家建立道地中药材评价体系，支持道地中药材品种选育，扶持道地中药材生产基地建设，加强道地中药材生产基地生态环境保护，鼓励采取地理标志产品保护等措施保护道地中药材。

前款所称道地中药材，是指经过中医临床长期应用优选出来的，产在特定地域，与其他地区所产同种中药材相比，品质和疗效更好，且质量稳定，具有较高知名度的中药材。

条文主旨

本条是关于保护道地中药材的规定。

立法背景

道地药材是我国传统的优质中药材的代名词，素有“非道地药材不处方，非道地药材不经营”的说法。由于道地中药材比其他地区生产的相同药材在品质、疗效方面更好，因此道地中药材的价格远高于非道地药材价格。药材市场上，非道地药材冒充道地药材的现象随处可见，这种现象严重影响了医生和患者对所使用药材的判断，给中医临床带来困扰，影响到了人们的用药安全，也极大地伤害了道地中药材这一珍贵的中医药资源的品牌效应。2016 年《中医药发展战略规划纲要（2016—2030 年）》提出制定国家道地药材目录，加强道地药材良种繁育基地和规范化种植养殖基地建设。促进中药材种植养殖业绿色发展。根据这一精神，在法律中明确对道地中药材进行保护，不但是保护道地药材资源及产业可持续发展的需要，也是保证人们用药安全的需要。

条文解读

何谓“道地中药材”，本条第 2 款规定，道地中药材是指经过中医临床长期应用优选出来的，产在特定地域，与其他地区所产同种中药材相比，品质和疗效更好，且质量稳定，具有较高知名度的中药材。具有以下特点。一是品种优良。优良品种是指在一定区域范围内表现出品质好、有效成分含量高等优良特性的品种。二是有适宜的生长环境与采收时间。我国土地辽阔，地形错综复杂，气候条件多种多样。不同地区的地形、土壤、气候等条件，形成了不同的道地药材。如内蒙古的黄芪，甘肃的当归，青海的大黄，四川的黄连等。另外，生长年限和采收时间也是道地药材的一个重要指标，与药材外观性状、有效成分的积累有密切的关系，道地药材都有严格的生长年限和采收时间，没有达到一定年限的药材不可药用。三是具有在中医理论指导下良好的疗效。中药治病是在中医理论的指导下进行的，古代医药学家通过尝百草，通过临床辨证施治，知晓了哪些药材疗效好，哪些药材疗效差，久而久之就形成了药材的道地性，并获得了公众的认可。

道地中药材扶持措施。因其受到土壤、空气、水、环境等因素的影响，同样的药材在不同的地方种植，其中含有的成分就会不同，所产生的疗效也有所不同。因此，古代通常在道地药材的药名前多冠以地名，以示道地性。本草中对药材的产地有详细的记载，很多中药名都带有产地，如川芎、云木香、广藿香、浙贝母、秦皮等，说明了道地药材的重要性。因此，人工种植药材的时候，不能简单只注重产量，更要注意它的质量，按照应有的环境、条件去种植。这就需要对中药材的来源、栽培、土壤、气候、加工、质量控制等进行标准化的规定和要求，从而保证将中药材质量稳定在一定的范围内。目前我国对道地药材质量标准缺失，影响了中药材道地的属性，为了解决这一问题，更好地保证道地中药材的资源及产业可持续发展，本条规定了相应的扶持措施。一是建立道地中药材评价体系。建立合理、有效的中药材质量评价体系是实现中药现代化的前提之一。因此，需要在研究应用的基础上建立一套符合道地药材特点的科学有效的评价体系。二是支持道地中药材品种选育。中药材种子种苗是药材生产的物质基础，目前，中药材种子种苗繁育存在假冒伪劣等问题，影响了药材质量。只有使用优良品种，开展标准化、规模化、产业化的种子种苗繁育，才能从源头上保障中药材的质量。三是扶持道地中药材生产基地建设，加强道地中药材生产基地生态环境保护。建立中药材生产基地，是保证中药材质量，提供优质中药材的有效途径。目前，国家正在逐步发展规范化种植和产业化生产，实施优质中药材生产工程，建设大宗优质中药材生产基地、濒危稀缺中药材种植养殖基地、中药材良种繁育基地等。同时要大力推进生态文明建设，加强对中药材资源保护和绿色生产，建设中药材种植养殖生态基地，保护道地中药材基地的生态环境。四是鼓励采取地理标志产品保护等措施。所谓地理标志，是指标示某商品来源于某地区，该商品的特定质量、信誉或者其他特征，主要由该地区的自然因素或者人文因素所决定的标志。地理标志产品是优良品质的代表。道地药材与地理标志均强调产品原产于某一区域，且其主要品质、特征与该地理原产地密切相关，这使得道地药材具有地理标志的特性，目前被批准为地理标志的中药材主要为道地药材。采取地理标志产品保护有助于保护中药材的产品质量和传统生产工艺。

第二十四条　国务院药品监督管理部门应当组织并加强对中药材质量的监测，定期向社会公布监测结果。国务院有关部门应当协助做好中药材质量监测有关工作。

采集、贮存中药材以及对中药材进行初加工，应当符合国家有关技术规范、标准和管理规定。

国家鼓励发展中药材现代流通体系，提高中药材包装、仓储等技术水平，建立中药材流通追溯体系。药品生产企业购进中药材应当建立进货查验记录制度。中药材经营者应当建立进货查验和购销记录制度，并标明中药材产地。

条文主旨

本条是关于中药材质量监测以及中药材流通追溯体系建设的规定。

立法背景

目前，中药材市场管理水平、设备设施相对落后，部分中药材市场存在交易混乱，质量缺乏保障，管理缺位等问题。解决这些问题，一方面要加强监管，一方面要对传统的落后的流通模式加以改变，从药材的采集、流通的组织方式、仓储物流、包装等方面进行变革。从近期发布的一系列文件也可以看到，国家有关部门正在采取措施推动建立中药材产地生产、流通和使用环节的质量安全保障体系，包括中药材现代流通体系建设。《中医药发展战略规划纲要（2016—2030 年)》中提出，构建现代中药材流通体系，制定中药材流通体系建设规划，建设一批道地药材标准化、集约化、规模化和可追溯的初加工与仓储物流中心，与生产企业供应商管理和质量追溯体系紧密相连。建立中药材生产流通全过程质量管理和质量追溯体系。

条文解读

本条共分三款，主要包括以下几方面内容：

（一）中药材质量监测。中药材也是药品的一部分，按照职责分工，药品监督管理部门对药品的生产、经营，药品的质量负有监督管理的职责。中药材的质量关系到中药饮片和制剂的质量，对其质量实施监测制度，可以及时发现问题，避免不合格的中药材流入市场，造成危害。监测结果应定期向社会公布，让社会公众能随时掌握中药材质量信息。中药管理工作涉及多个部门，除药监部门外，还涉及农业部门、工信部门、林业部门等等，在实施监测过程中，需要由药品监督部门与其他相关部门按照职责分工，建立协作机制，共同把好中药材质量源头这道关。

（二）中药材采集、贮存以及初加工的要求。本条第 2 款规定，采集、贮存中药材以及对中药材进行初加工，应当符合国家有关技术规范、标准和管理规定。中药材在采集、储藏保管与养护以及炮制过程中容易发生虫蛀、霉变、挥发、风化变质等现象，所以药材的储藏与保管就应按标准和规范进行管理。《中药材生产质量管理规范（试行)》对中药材的采集、储存、加工等环节要求作了规定，如中药材采集要根据产品质量及植物单位面积产量或动物养殖数量，并参考传统采收经验等因素确定适宜的采收时间(包括采收期、采收年限）和方法。药用部分采收后，经过拣选、清洗、切制或修整等适宜的加工，需干燥的应采用适宜的方法和技术迅速干燥，并控制温度和湿度，使中药材不受污染，有效成分不被破坏。药材仓库应通风、干燥、避光，必要时安装空调及除湿设备，并具有防鼠、虫、禽畜的措施。地面应整洁、无缝隙、易清洁。药材应存放在货架上，与墙壁保持足够距离，防止虫蛀、霉变、腐烂、泛油等现象发生，并定期检查。在应用传统贮藏方法的同时，应注意选用现代贮藏保管新技术、新设备。

（三）中药材现代流通体系建设。2014 年，商务部出台了《商务部办公厅关于加快推进中药材现代物流体系建设指导意见的通知》，指导推动各地建立中药材现代物流体系，推动中药材流通追溯体系建设，促进中药材流通现代化，提升中药材质量安全保障能力，目前已实施两批共 11 个省市区进行试点，计划在三五年内实现覆盖全国的流通追溯网络。2015 年工信部、中医药局等部门联合发布《中药材保护和发展规划（2015—2020 年)》中提出，构建中药材现代流通体系，完善中药材流通行业规范，建设中药材现代物流体系，推进中药材流通体系标准化、现代化发展，初步形成从中药材种植养殖到中药材初加工、包装、仓储和运输一体化的现代物流体系。2016年《中医药发展战略规划纲要（2016—2030年）》提出，制定中药材流通体系建设规划，建设一批道地药材标准化、集约化、规模化和可追溯的初加工与仓储物流中心，与生产企业供应商管理和质量追溯体系紧密相连。发展中药材电子商务。利用大数据加强中药材生产信息搜集、价格动态监测分析和预测预警。实施中药材质量保障工程，建立中药材生产流通全过程质量管理和质量追溯体系，加强第三方检测平台建设。建立健全中药材现代流通体系，实现全产业链的质量安全追溯和高效率的保障体系，对于我国中药产业的持续健康发展具有重大战略意义。

（四）建立中药材追溯体系的具体要求。建立中药材可追溯体系是中药材生产经营者的义务。生产经营者要落实主体责任。本条第3款规定，中药材生产企业购进中药材应当建立进货查验记录制度，中药材经营者应当建立进货查验和购销记录制度，并标明中药材产地。进货查验和购销记录制度，是建立追溯体系的具体手段，有利于药材可追溯，可以实现中药材“来源可溯，去向可追，质量可查，责任可究”，从产地到市场再到使用终端全链条质量可控。

相关规定

《中药材生产质量管理规范（试行）》；《商务部办公厅关于加快推进中药材现代物流体系建设指导意见的通知》；《中药材保护和发展规划（2015—2020年）》；《中医药发展战略规划纲要（2016—2030年）》。

第二十五条　国家保护药用野生动植物资源，对药用野生动植物资源实行动态监测和定期普查，建立药用野生动植物资源种质基因库，鼓励发展人工种植养殖，支持依法开展珍贵、濒危药用野生动植物的保护、繁育及其相关研究。

条文主旨

本条是关于药用野生动植物资源保护的规定。

立法背景

野生药材资源是中医药事业传承和发展的物质基础，保护好中药材资源，是促进我国中医药事业持续发展的重要方面。我国是世界上最早利用植物药的国家，也是世界上天然药物最为丰富的国家，有较为丰富的野生药材资源。但是，在现实中，由于城市建设的不断发展，土地资源的逐渐减少，生态环境遭到破坏，使药用动植物失去了赖以生存的环境；同时，随着中医药服务的发展，市场对野生药材需求量增大，受利益驱使，一些地方出现对野生药用动植物资源乱挖滥采，对野生药用动物资源乱猎滥捕，造成对野生药材资源和当地生态环境的破坏，致使一些野生药材物种出现衰退甚至濒临灭绝。据统计，目前我国有1080种动植物药材处于濒危状态。这种情况下如不尽快加以改变，必将造成部分野生中药材资源流失、枯竭，最终严重影响中医药事业的发展。因此，必须采取有力措施，加强对野生药材资源的保护和合理利用。

条文解读

为了更好地保护利用好中药材这一宝贵资源，《中医药发展战略规划纲要（2016—2030年）》提出实施野生中药材资源保护工程，完善中药材资源分级保护、野生中药材物种分级保护制度，建立普查和动态监测相结合的中药材资源调查制度。建立五类保护区、基地和示范区；建立濒危野生药用动植物养殖基地；鼓励社会力量投资建立中药材科技园、博物馆和药用动植物园等保育基地；建立种质资源库；建立国家级药用动植物种质资源库。完善中药材国家储备；在国家医药储备中，进一步完善中药材及中药饮片储备。根据这一精神，本条对实施野生中药材的保护作了以下规定：

一、对药用野生动植物资源实行动态监测和定期普查

野生药材资源保护管理不是一朝一夕的事情，要想把野生药材资源保护好、管理好，就要建立一个长效机制，制定具体的保护规划，定期开展野生药材资源濒危预警和动态监测，了解全国野生药材资源保护管理工作的现状、存在的问题，密切关注野生药材资源变化的形势，对野生药材资源的采集、收购、运输、使用等环节实施有效监控。对野生药用动植物的种类、分布定期进行普查，及时掌握资源动态变化，及时提供预警信息。2011 年国家中医药局组织开展了第 4 次全国中药资源普查试点工作。掌握了近 4 万种药用资源的种类和分布信息。初步建成 1 个国家中心、28 个省级中心、65 个监测站的动态监测体系。下一步有关部门将在试点的基础上开展第四次全国中药资源普查工作，摸清中药资源家底。

二、建立药用野生动植物种质基因库

种质是所有携带遗传物质的活体，对于植物来说，不仅包括种子，还包括植株、根、茎、胚芽和细胞、基因等。种质基因库可包括种子库、植物离体库、DNA 库、微生物库和动物种质资源库等。我国生物物种极为丰富，生物资源开发将是我国未来全球物资源竞争的一个战略重点。药用动植物种质资源库的建设对中药材品质改善、规范化生产、资源和生态修复等有重要意义。中药材种质资源库的建设，为我国中药种质资源保存提供了一个很好的平台。目前，在全国普查的基础上，国家中药材种质资源库（四川）、国家基本药物所需中药材种质资源库（海南）的基础建设已经完成，江苏泰州正在建设中药材种质资源库。

三、鼓励发展人工种植养殖，依法开展珍贵、濒危药用野生动植物保护、繁育及其相关研究

由于野生药材资源的有限性，不能满足人们日常用药的需求。如果过度依赖采集利用野生药材资源势必会造成资源的破坏。因此在保护和合理利用野生药材资源的同时，应积极进行中药材的人工培育，国家采取措施，从资金、技术等方面，鼓励人工种植养殖，鼓励科研人员培育中药材的良种繁育。需要说明的是，在开展珍贵、濒危药用野生动植物资源保护和研究过程中，要注意与相关法律法规的衔接。为了保护自然资源和生态环境，我国相继制定了一系列法律法规，如野生动物保护法、草原法、森林法、野生植物保护条例等，这些法律法规中都对野生药材资源保护管理工作作出了规定。因此，本条规定，开展、濒危的药用野生动植物的保护、繁育及其相关研究，要依法进行。

第二十六条　在村医疗机构执业的中医医师、具备中药材知识和识别能力的乡村医生，按照国家有关规定可以自种、自采地产中药材并在其执业活动中使用。

条文主旨

本条是关于中医医师和乡村医生自种、自采地产中药材及使用的规定。

立法背景

村医疗机构是农村公共服务体系的重要组成部分，是农村医疗卫生服务体系的基础。为了减轻患者用药负担，方便中医医师和乡村中医药技术人员使用中草药，本法对在村医疗机构执业的中医医师、具备中药材知识和识别能力的乡村医生自种、自采地产中药材并在其执业活动中使用作出了规定。

条文解读

根据《乡村医生从业管理条例》，这里的乡村医生是指尚未取得执业医师资格或者执业助理医师资格，经注册在村医疗卫生机构从事预防、保健和一般医疗服务的乡村医生。乡村医生的主要职责是向农村居民提供公共卫生服务及一般疾病的诊治。

根据2006年国家中医药管理局、卫生部关于加强乡村中医药技术人员自种自采自用中草药管理的通知的规定，自种自采自用中草药是指乡村中医药技术人员自己种植、采收、使用，不需特殊加工炮制的植物中草药。

根据该通知的规定，自种自采自用中草药的人员应同时具备以下条件：（1）经注册在村医疗机构执业的中医类别执业（助理）医师以及以中医药知识和技能为主的乡村医生；（2）熟悉中草药知识和栽培技术、具有中草药辨识能力；（3）熟练掌握中医基本理论、技能和自种自采中草药的性味功用、临床疗效、用法用量、配伍禁忌、毒副作用、注意事项等。

同时，该通知明确，乡村中草药技术人员不得自种自采自用下列中草药：（1）国家规定需特殊管理的医疗用毒性中草药；（2）国家规定需特殊管理的麻醉药品原植物；（3）国家规定需特殊管理的濒稀野生植物药材。根据当地实际工作需要，乡村中医药技术人员自种自采自用的中草药，只限于其所在的村医疗机构内使用，不得上市流通，不得加工成中药制剂。

自种自采自用的中草药应当保证药材质量，不得使用变质、被污染等影响人体安全、药效的药材。对有毒副反应的中草药，乡村中医药技术人员应严格掌握其用法用量，并熟悉其中毒的预防和救治。发现可能与用药有关的毒副反应，应按规定及时向当地主管部门报告。

需要注意的是，根据本条规定，能够按照国家有关规定自种、自采地产中药材并在其执业活动中使用的主体包括：（1）在村医疗机构执业的中医医师，具体包括经考试取得医师资格的中医医师和经考核取得医师资格的中医医师；（2）具备中药材知识和识别能力的乡村医生。

相关规定

《乡村医生从业管理条例》第2条；《国家中医药管理局、卫生部关于加强乡村中医药技术人员自种自采自用中草药管理的通知》二、三。

第二十七条　国家保护中药饮片传统炮制技术和工艺，支持应用传统工艺炮制中药饮片，鼓励运用现代科学技术开展中药饮片炮制技术研究。

条文主旨

本条是关于保护中药饮片传统炮制技术和工艺方面的规定。

立法背景

中药炮制是在中医理论的指导下，按照中药用药要求将中药材加工成中药饮品的传统方法和技术。长期以来，我国积累了丰富的炮制技术和工艺。目前，全国专门从事炮制工作的人为数不多，中药炮制技术处于萎缩的濒危状况。为此，本法规定，国家保护中药饮片传统炮制技术和工艺，支持应用传统工艺炮制中药饮片，鼓励运用现代科学技术开展中药饮片炮制技术研究。

条文解读

中药饮片是指在中医药理论指导下，按照传统加工方法对中药材进行炮制，加工成一定规格的可供中医临床配方或者中成药生产使用的制品。炮制，又称炮炙，是指中药材在应用或制成制剂前，进行必要加工处理的过程。中药炮制方法分为修制、水制、火制、水火共制和其他制法五类。例如，将中药材清洗、切制、粉碎、浸泡、翻炒、蒸煮等。炮制的目的是加强药物效用、减除毒性或副作用，便于贮藏和服用。

中药饮片炮制是中药生产和加工的重要环节，地位非常重要。中药饮片炮制工艺在我国古代出现较早。早在宋代《太平惠民和剂局方》等专著中，就已明确提出了“凡有修合，依法炮制”，在处方“脚注”中记载炮制方法和要求，对饮片炮制原则、炮制品种、炮制方法、饮片规格、炮制质量、临床应用等方面都有较成熟的严格要求。炮制“贵在适中”，中药材依照《中国药典》及炮制规范依法进行炮制后，可增强疗效、减少或消除毒副作用以及扩大适用范围，如巴豆、马钱子等毒性药材通过炮制后毒性成分降低，治疗作用的有效成分得以保护，种子类药材清炒后煎汤有效成分溶出率提高，生物利用度增大。

本条从以下三个方面对中药饮片炮制作了规定：

一是，国家保护中药饮片传统炮制技术和工艺。我国古代医学家认为，中药饮片炮制直接影响到临床诊疗效果，“炮制不明，药性不确，则汤方无准而病证无验也”。炮制工艺是否合理，炮制火候是否到位，都可以影响饮片质量和临床疗效。对中药饮片传统炮制技术和工艺，首先是要做好保护工作，防止后继无人、手艺失传。

二是，支持应用传统工艺炮制中药饮片。中国古代医学家对各种炮制方法进行了研究和总结，如清代张仲岩《修事指南》，将历代各家炮制记载综合归纳而成，记载了

232种炮制方法，系统阐述了各种方法。应用传统工艺炮制中药饮片，更符合医学典籍中的记载，可以最大限度地发挥中成药的临床疗效，减少其毒副作用。

三是，鼓励运用现代科学技术开展中药饮片炮制技术研究。传统的中药饮片炮制工艺大多是基于我国古代医学专家的临床实践总结出来的，很多工艺没有经过系统、科学的分析。通过运用现代科学技术开展中药饮片炮制技术研究，将更有助于提高药性的发挥效力，也便于用药，因此要鼓励运用现代科学技术开展中药饮片炮制技术研究。

第二十八条 对市场上没有供应的中药饮片，医疗机构可以根据本医疗机构医师处方的需要，在本医疗机构内炮制、使用。医疗机构应当遵守中药饮片炮制的有关规定，对其炮制的中药饮片的质量负责，保证药品安全。医疗机构炮制中药饮片，应当向所在地设区的市级人民政府药品监督管理部门备案。

根据临床用药需要，医疗机构可以凭本医疗机构医师的处方对中药饮片进行再加工。

条文主旨

本条是关于医疗机构炮制、使用中药饮片和对中药饮片进行再加工方面的规定。

立法背景

目前医疗机构使用的中药饮片都是在市场上采购的，因为按照药品管理法的规定，医疗机构是不能炮制中药饮片的，只有药品生产企业可以炮制中药饮片。中医药法的该条规定对上述制度作了突破，允许医疗机构对市场上没有供应的中药饮片凭本医疗机构医师处方，自行炮制中药饮片，并在本医疗机构内使用。此外，有些中药饮片采购后，还需要根据其药物性能和治疗需要，由医疗机构药材专业技术人员凭本医疗机构医师的处方对中药饮片进行再加工。本条对此作出了专门规定。

条文解读

本条共分两款，第 1 款对在医疗机构内炮制、使用市场上没有供应的中药饮片作出了规定，第 2 款规定了对中药饮片的再加工。

一、炮制、使用市场上没有供应的中药饮片

第 1 款规定分为三个方面。第一，对市场上没有供应的中药饮片，医疗机构可以根据本医疗机构医师处方的需要，在本医疗机构内炮制、使用。这一规定明确了在本医疗机构内炮制的中药饮片的范围是“市场上没有供应的中药饮片”，换言之，如果市场上有供应的中药饮片，就不应适用该款规定。第二，医疗机构应当遵守中药饮片炮制的有关规定，对其炮制的中药饮片的质量负责，保证药品安全。对于市场上没有供应的中药饮片，医疗机构是其炮制主体，应当对其质量负责。关于炮制中药饮片，药品管理法有明确的规定，中药饮片必须按照国家药品标准炮制；国家药品标准没有规定的，必须按照省、自治区、直辖市人民政府药品监督管理部门制定的炮制规范炮制。医疗机构炮制市场上没有供应的中药饮片，应当遵守上述国家药品标准或炮制规范。第三，医疗机构炮制中药饮片，应当向所在地设区的市级人民政府药品监督管理部门备案。草案中关于备案层次最初规定为“县级人民政府药品监督管理部门”，审议时有的常委委员提出，县级人民政府药品监督管理部门的层级较低，建议适当提高备案层级。立法机关经研究，将“县级”修改为“设区的市级”。

二、对中药饮片的再加工

本条第2款规定，根据临床用药需要，医疗机构可以凭本医疗机构医师的处方对中药饮片进行再加工。再加工的范围比炮制要小，方法也比较简单，一般以炒法、炙法、拌法为主。在现行的规范性文件中，再加工又称为“临方炮制”。2007年国家中医药管理局、卫生部《医院中药饮片管理规范》规定，医院进行临方炮制，应当具备与之相适应的条件和设施，严格遵照国家药品标准和省、自治区、直辖市药品监督管理部门制定的炮制规范炮制，并填写“饮片炮制加工及验收记录”，经医院质量检验合格后方可投入临床使用。

相关规定

《中华人民共和国药品管理法》第10条；《医院中药饮片管理规范》第34条。

第二十九条　国家鼓励和支持中药新药的研制和生产。

国家保护传统中药加工技术和工艺，支持传统剂型中成药的生产，鼓励运用现代科学技术研究开发传统中成药。

条文主旨

本条是关于中药新药研制与生产方面的规定。

立法背景

中药疗法在很多领域取得了明显疗效，这让人们意识到从传统中医药体系中汲取新鲜血液非常必要。中药新药的研发生产是中医药保持活力的重要途径。将中药现代化工程与创新药物的开发结合起来，是保持我国传统医药世界领先地位的需要。为此，本条专门对中药新药的研发作出了规定。

条文解读

本条共分两款，其中第1款对中药新药的研制和生产作出了规定，第2款对传统中成药的生产作出了规定。

一、关于中药新药的研制与生产

2009年《国务院关于扶持和促进中医药事业发展的若干意见》指出，推动中药新药和中医诊疗仪器、设备的研制开发。《中医药发展战略规划纲要（2016—2030年）》指出，探索适合中药特点的新药开发模式，推动重大新药创制。鼓励基于经典名方、医疗机构制剂等的中药新药研发。

中药新药的研究开发，应当注意坚持以下几点：（1）中药新药的研究开发，应当坚持以中医药理论体系为指导，必须与中药理论密切结合起来，如性味归经、升降浮沉、君臣佐使、加工炮制、制剂工艺、配伍禁忌、剂量服法等理论。这样才能使新开发的中成药保持中医药的特色。盲目搬用西药剂型来套改中药剂型的做法，不适合中药新药的研究开发。（2）充分利用现代科学技术。为了阐明中药防治疾病的机理，推动中医药理论发展，提高新药竞争能力，将中药制剂的功效、主治与现代科学知识与技术联系起来，建立相应的客观标准，探索出一套以中医药理论为指导，又能用一定的科学手段测试的新理论，对指导临床合理用药及评定制剂质量是非常必要的。（3）以药物的安全有效为核心。药物的基本要求是安全、有效、稳定。

二、关于传统中成药的生产

本条第2款共分三个方面对传统中成药的生产作出了规定。中成药是中药成药的简称，是指以中药材为原料，在中医药理论指导下，按规定的处方和制法进行批量生产，有名称、功能主治、用法用量和规格的药品。

第一，本款规定，国家保护传统中药加工技术和工艺。传统中药加工技术和工艺是我国的瑰宝，应当倍加珍惜、予以保护。

第二，本款规定，支持传统剂型中成药的生产。传统的剂型包括汤、丸、散、膏、丹等，是根据外观、制作方法及服用方法划分的不同的方剂类型。汤剂是将中药饮片煎煮或浸泡后去渣取汁的方法制成的液体剂型。丸剂是药材细粉或药材提取物添加适宜黏合剂或辅料，制成的球形或类球形的固体制剂，是中成药最古老的剂型之一。散剂是一种或多种药材混合制成的粉末状制剂，分内服散剂和外用散剂。煎膏剂是药材用水煎煮、去渣浓缩后，加炼蜜或糖制成的半固体制剂。丹剂是水银、硝石、雄黄等矿物药经过炼制、升华、融合等技术处理制成的无机化合物，如红升丹、白降丹等。传统剂型中成药体现了中医药的特色，为此本款规定，支持传统剂型中成药的生产。

第三，本款规定，鼓励运用现代科学技术研究开发传统中成药。现代科学技术是传统中成药焕发生机的助推器，将为传统中医药插上腾飞的翅膀。《中医药发展战略规划纲要（2016—2030年）》中指出，促进中药工业转型升级。推进中药工业数字化、网络化、智能化建设，加强技术集成和工艺创新，提升中药装备制造水平，加速中药生产工艺、流程的标准化，提升中药工业知识产权运用能力。

相关规定

《国务院关于扶持和促进中医药事业发展的若干意见》；《中医药发展战略规划纲要（2016—2030 年）》。

第三十条 生产符合国家规定条件的来源于古代经典名方的中药复方制剂，在申请药品批准文号时，可以仅提供非临床安全性研究资料。具体管理办法由国务院药品监督管理部门会同中医药主管部门制定。

前款所称古代经典名方，是指至今仍广泛应用、疗效确切、具有明显特色与优势的古代中医典籍所记载的方剂。具体目录由国务院中医药主管部门会同药品监督管理部门制定。

条文主旨

本条是关于生产符合国家规定条件的来源于古代经典名方的中药复方制剂方面的规定。

立法背景

我国古代经典名方数量很大，也有不少根据古代经典名方研制开发的中成药，经过长期临床验证，效果较好。古代经典名方经过多年的使用被证明是有效的，如果严格按照一般药品生产的规定进行临床试验后再审批，耗时较长，不利于调动企业的生产积极性。为此，本法专门规定，生产符合国家规定条件的来源于古代经典名方的中药复方制剂，在申请药品批准文号时，可以仅提供非临床安全性研究资料。这一规定大大简化了生产此类中药复方制剂的审批程序，有利于调动企业的生产积极性，将古代经典名方发扬光大，造福广大社会公众。

条文解读

本条共分两款。第 1 款明确了生产符合国家规定条件的来源于古代经典名方的中药复方制剂，在申请药品批准文号时，可以仅提供非临床安全性研究资料。第 2 款对古代经典名方下了定义。

药品管理法第 29 条规定，研制新药，必须按照国务院药品监督管理部门的规定如实报送研制方法、质量指标、药理及毒理试验结果等有关资料和样品，经国务院药品监督管理部门批准后，方可进行临床试验。完成临床试验并通过审批的新药，由国务院药品监督管理部门批准，发给新药证书。第 30 条规定，药物的非临床安全性评价研究机构和临床试验机构必须分别执行药物非临床研究质量管理规范、药物临床试验质量管理规范。根据药品管理法的上述规定，新药在获得批准前都要经过提交非临床安全性研究资料和临床试验报告。

古代经典名方经过多年的使用被证明是安全有效的，如果严格按照药品管理法的上述有关规定进行临床试验、进行审批，耗时较长。本法制定过程中，有的地方、专家和药品生产企业提出，中药的审批应当符合中药特点，对生产符合条件的来源于古代经典名方的中药复方制剂，应当简化审批程序，鼓励企业开发利用传统中药资源。立法机关经研究，采纳了这一意见，对此作了专门规定。

这里的“国家规定的条件”，目前主要是指2008年国家食品药品监管局发布的《中药注册管理补充规定》中对来源于古代经典名方的中药复方制剂的生产所规定的条件，包括：（1）处方中不含毒性药材或配伍禁忌；（2）处方中药味均有法定标准；（3）生产工艺与传统工艺基本一致；（4）给药途径与古代医籍记载一致，日用饮片量与古代医籍记载相当；（5）功能主治与古代医籍记载一致；（6）适用范围不包括危重症，不涉及孕妇、婴幼儿等特殊用药人群。该类中药复方制剂的药品说明书中须注明处方及功能主治的具体来源，说明本方剂有长期临床应用基础，并经非临床安全性评价。

本款规定，具体管理办法由国务院药品监督管理部门会同中医药主管部门制定，即由国家食品药品监督管理总局会同国家中医药管理局制定。该具体管理办法的制定对于落实该条规定非常重要，有关部门应当积极配合，使有关管理办法早日出台，使法律规定得到贯彻落实。

根据第2款的规定，古代经典名方，是指至今仍广泛应用、疗效确切、具有明显特色与优势的古代中医典籍所记载的方剂。这里的“方剂”即是指药方，其具体目录由国务院中医药主管部门会同药品监督管理部门制定。

相关规定

《中华人民共和国药品管理法》第 29 条、第 30 条；《中药注册管理补充规定》第 7 条。

第三十一条 国家鼓励医疗机构根据本医疗机构临床用药需要配制和使用中药制剂，支持应用传统工艺配制中药制剂，支持以中药制剂为基础研制中药新药。

医疗机构配制中药制剂，应当依照《中华人民共和国药品管理法》的规定取得医疗机构制剂许可证，或者委托取得药品生产许可证的药品生产企业、取得医疗机构制剂许可证的其他医疗机构配制中药制剂。委托配制中药制剂，应当向委托方所在地省、自治区、直辖市人民政府药品监督管理部门备案。

医疗机构对其配制的中药制剂的质量负责；委托配制中药制剂的，委托方和受托方对所配制的中药制剂的质量分别承担相应责任。

条文主旨

本条是关于医疗机构配制中药制剂的规定。

立法背景

医疗机构配制中药制剂，一方面可以满足临床需要，同时在一定程度上也可以促进新药开发。本条对此作出了专门规定。

条文解读

本条分为三款，分别对鼓励医疗机构配制和使用中药制剂、配制及委托配制、相关责任承担等作了规定。

一、国家鼓励医疗机构配制和使用中药制剂

中药制剂是根据《中华人民共和国药典》《医疗机构制剂配制质量管理规范（试行）》等规定的处方，将中药加工或提取后制成的具有一定规格，可以直接用于防病治病的制剂。医疗机构中药制剂是指在中医药理论指导下，医疗机构根据长期临床使用有效、安全的固定处方配制的制剂。医疗机构中药制剂一般临床疗效确切、用药相对安全、服务方式灵活、临床使用方便、费用相对低廉，体现了中医药简、便、验、廉的特点。医疗机构中药制剂的使用能够弥补市售中成药产品不足，有利于满足群众的中医药服务需求；能够服务于临床需求，有利于提高中医临床疗效；能够带动特色专科及医院特色建设与发展，有利于保持发挥中医药特色与优势；能够有效继承名老中医专家的临床经验，有利于推动中医药的继承与创新。

第 1 款从三个方面对配制和使用中药制剂作出了规定。

一是，国家鼓励医疗机构根据本医疗机构临床用药需要配制和使用中药制剂。医疗机构配制中药制剂能够服务于临床需求，有利于提高中医药疗效。因此，国家鼓励医疗机构根据本医疗机构临床用药需要配制和使用中药制剂。

二是，支持应用传统工艺配制中药制剂。传统工艺如丸、散、膏、丹等传统中药制剂剂型的制作工艺等。中医往往会在临床治疗时，灵活运用汤、膏、丸、散等不同剂型治疗疾病。

三是，支持以中药制剂为基础研制中药新药。《中医药发展战略规划纲要（2016—2030 年）》指出，鼓励基于经典名方、医疗机构制剂等的中药新药研发。一些经临床反复验证的医疗机构中药制剂发展成为在国内外享有盛誉的中成药，如复方丹参滴丸等。以中药制剂为基础研制中药新药，有利于提高中药新药的质量和临床疗效，能够为新药研发奠定良好基础，有利于促进中药新药研发。

二、医疗机构配制中药制剂的程序

根据第 2 款的规定，医疗机构配制中药制剂，可以采取以下方式：一是依照药品管理法的规定取得医疗机构制剂许可证；二是没有取得医疗机构制剂许可证的医疗机构，可以委托取得药品生产许可证的药品生产企业、取得医疗机构制剂许可证的其他医疗机构配制中药制剂。

关于第一种方式，即取得医疗机构制剂许可证后配制中药制剂。药品管理法第 23 条规定，医疗机构配制制剂，须经所在地省、自治区、直辖市人民政府卫生行政部门审核同意，由省、自治区、直辖市人民政府药品监督管理部门批准，发给《医疗机构制剂许可证》。

关于第二种方式，即委托取得药品生产许可证的药品生产企业、取得医疗机构制剂许可证的其他医疗机构配制中药制剂。根据该规定，接受委托的，只能是取得药品生产许可证的药品生产企业、取得医疗机构制剂许可证的其他医疗机构，除此之外的其他机构不得接受委托。同时，为了加强对委托配制中药制剂的管理，该款规定，委托配制中药制剂，应当向委托方所在地省、自治区、直辖市人民政府药品监督管理部门备案。

三、对中药制剂的质量承担责任

为了强化药品安全管理，本条第 3 款规定，医疗机构对其配制的中药制剂的质量负责；委托配制中药制剂的，委托方和受托方对所配制的中药制剂的质量安全分别承担相应责任。

相关规定

《中华人民共和国药品管理法》第 23 条。

第三十二条 医疗机构配制的中药制剂品种，应当依法取得制剂批准文号。但是，仅应用传统工艺配制的中药制剂品种，向医疗机构所在地省、自

治区、直辖市人民政府药品监督管理部门备案后即可配制，不需要取得制剂批准文号。

医疗机构应当加强对备案的中药制剂品种的不良反应监测，并按照国家有关规定进行报告。药品监督管理部门应当加强对备案的中药制剂品种配制、使用的监督检查。

条文主旨

本条是关于医疗机构配制中药制剂品种管理的规定。

立法背景

药品管理法规定，生产新药或者已有国家标准的药品的，须经国务院药品监督管理部门批准，并发给药品批准文号；但是，生产没有实施批准文号管理的中药材和中药饮片除外。实践中，有一些仅应用传统工艺配制的中药制剂品种，如果按照上述规定取得药品批准文号，过程比较繁琐、耗时较长，为此，本法对此作出专门规定，对这些仅应用传统工艺配制的中药制剂品种，向医疗机构所在地省、自治区、直辖市人民政府药品监督管理部门备案后即可配制，不需要取得制剂批准文号，这一规定是对药品管理法规定的一个突破。

条文解读

药品管理法第 25 条规定，医疗机构配制的制剂，应当是本单位临床需要而市场上没有供应的品种，并须经所在地省、自治区、直辖市人民政府药品监督管理部门批准后方可配制。第31条规定，生产新药或者已有国家标准的药品，须经国务院药品监督管理部门批准，并发给药品批准文号。实行批准制，对于加强药品监督管理、保证药品质量、保障人体用药安全是必要的，但是医疗机构使用传统工艺配制的中药制剂与使用现代工艺配置的制剂相比，风险相对较低，可以根据风险分级管理的原则，对这类制剂实施备案管理。为此，本条规定，仅应用传统工艺配制的中药制剂品种，向医疗机构所在地省、自治区、直辖市人民政府药品监督管理部门备案后即可配制，不需要取得制剂批准文号，即由批准制改为备案制。改为备案制后，从程序上将更加快捷、方便，成本降低，将大大提高医疗机构配制中药制剂的积极性，推动医疗机构中药制剂得到更加广泛的应用。

当然，医疗机构中药制剂改为备案制后，并未意味着对中药制剂就不再监管了，而是改变监管方式、实现更加合理有效的监管。本条第2款对此专门规定，医疗机构应当加强对备案的中药制剂品种的不良反应监测，并按照国家有关规定进行报告。药品监督管理部门应当加强对备案的中药制剂品种配制、使用的监督检查。按照该款规定，医疗机构应当加强对中药制剂品种的不良反应监测。药品管理法第70条规定，国家实行药品不良反应报告制度。药品生产企业、药品经营企业和医疗机构必须经常考察本单位所生产、经营、使用的药品质量、疗效和反应。发现可能与用药有关的严重不良反应，必须及时向当地省、自治区、直辖市人民政府药品监督管理部门和卫生行政部门报告。具体办法由国务院药品监督管理部门会同国务院卫生行政部门制定。对已确认发生严重不良反应的药品，国务院或者省、自治区、直辖市人民政府的药品监督管理部门可以采取停止生产、销售、使用的紧急控制措施，并应当在五日内组织鉴定，自鉴定结论作出之日起十五日内依法作出行政处理决定。根据 2011 年卫生部《药品不良反应报告和监测管理办法》的规定，医疗机构获知或者发现可能与用药有关的不良反应，应当通过国家药品不良反应监测信息网络报告；不具备在线报告条件的，应当通过纸质报表报所在地药品不良反应监测机构，由所在地药品不良反应监测机构代为在线报告。同时，药品监督管理部门应当切实履行监管职责，加强对备案的中药制剂品种配制、使用的监督检查，确保医疗机构中药制剂用药安全。

相关规定

《中华人民共和国药品管理法》第 25 条、第 31 条、第 70 条。

第四章　中医药人才培养

第三十三条　中医药教育应当遵循中医药人才成长规律，以中医药内容为主，体现中医药文化特色，注重中医药经典理论和中医药临床实践、现代教育方式和传统教育方式相结合。

条文主旨

本条是关于中医药教育应当遵循的基本原则的规定。

立法背景

多年来，我国中医药教育取得了长足发展。国务院新闻办发布的2016年《中国的中医药》白皮书指出，我国已经建立起独具特色的中医药人才培养体系。把人才培养作为中医药事业发展的根本，大力发展中医药教育，基本形成院校教育、毕业后教育、继续教育有机衔接，师承教育贯穿始终的中医药人才培养体系，初步建立社区、农村基层中医药实用型人才培养机制，实现从中高职、本科、硕士到博士的中医学、中药学、中西医结合等多层次、多学科、多元化教育全覆盖。

我国中医药教育发展很快，但也还存在一些不足。如不同程度存在中医教育西医化的倾向，医学基础、临床、实习的教学模式不能完全适应中医教学的需要，在课程设置、教材编写、教学方法等方面还有一些可以改进的地方，还需要更好地发挥院校教育和师承教育两种方式结合的优势等。针对中医药教育存在的不足，为更好地体现中医药教育的特点，培养更多高素质的中医药人才，本条对中医药教育应当遵循的基本原则作了规定。

条文解读

中医药事业的发展关键在人才。中医药教育承担着培养高素质中医药人才的重要使命。根据本条规定，中医药教育应当遵循的基本原则主要有三个方面。

一是应当遵循中医药人才成长规律。人才成长有其自身的规律，中医药人才成长也不例外。有专家将中医药成才规律归纳为“通国学、诵经典、拜名师、多临床”，中医药教育应当遵循中医药人才成长规律，厚植传统文化知识底蕴，继承中医经典理论，注重师承授受，突出临床疗效。

二是应当以中医药内容为主，体现中医药文化特色。中医药是反映中华民族对生命、健康和疾病的认识，具有独特理论和技术方法的医药学体系。中医药在历史发展进程中，不断吸收和融合各个时期先进的科学技术和人文思想，兼容并蓄、创新开放，理论体系日趋完善，技术方法更加丰富，蕴含了中华民族深邃的哲学思想，具有丰厚的中国文化底蕴，形成了具有中医药自身特色和独特优势的生命观、健康观、疾病观、防治观，以及中医药的理论体系和临床思维模式，实现了自然科学与社会科学、人文科学的融合和统一。首先，中医药重视整体，认为人与自然、人与社会是一个相互联系、不可分割的统一体，人体内部也是一个有机的整体。其次，中医药注重“平”和“和”，强调和谐对健康具有重要作用。人体的生命活动是机体在内外环境的作用下，由多种因素相互作用而维持的一种动态的相对平衡过程。健康则人体阴阳维持相对平衡的状态，平衡失调，就会导致器质性和功能性的疾病状态。再次，中医药强调个体化，中医诊疗强调因人、因时、因地制宜，体现为“辨证论治”。最后，中医药突出“治未病”，核心体现在“预防为主”，重在“未病先防、既病防变、瘥后防复”。中医药教育应当以中医药内容为主，强化中医药基础理论教学和基本实践技能培养，体现中医药文化特色，发挥中医药的独特优势与特色。

三是应当注重中医药经典理论和中医药临床实践、现代教育方式和传统教育方式相结合。首先，应当注重中医药经典理论和中医药临床实践相结合。中医药教育要让受教育者具备扎实的中医药理论基础和丰富的临床经验。中医药浩瀚的经典医籍，是人类生物信息的巨大宝库。中医药现存古典医籍 8000 余种，以《黄帝内经》《伤寒杂病论》《金匮要略》《温病学》四部经典著作为代表，记载着数千年来中医药的理论和实践经验。这些经典是中医之本，是取之不尽的理论源泉。中医药教育在注重中医药经典理论的同时，还要注重中医药临床实践。中医药是具有鲜明特色和丰富临床实践技能的独特理论体系，要注重通过医案等临床实例提高受教育者的辨证论治能力。其次，应当注重现代教育方式和传统教育方式相结合。中医药现代教育方式是院校规模教育，它实现了中医药人才培养的规模化、标准化和教育管理的规范化、制度化，无疑是中医药教育的一大进步。中医药传统教育方式是师承教育，是一种针对中医药的特殊性而进行的教育，强调教学的实践性，重视临床技能的培养，注意因材施教，使学生在理论和实践中不断领悟中医药学的深刻意蕴。中医药教育要注重发挥现代教育方式和传统教育方式的优点，相互结合，扬长避短，取长补短，建立健全院校教育、毕业后教育、继续教育有机衔接以及师承教育贯彻始终的中医药人才培养体系。

第三十四条 **国家完善中医药学校教育体系，支持专门实施中医药教育的高等学校、中等职业学校和其他教育机构的发展。**

中医药学校教育的培养目标、修业年限、教学形式、教学内容、教学评价及学术水平评价标准等，应当体现中医药学科特色，符合中医药学科发展规律。

条文主旨

本条是关于中医药学校教育的规定。

立法背景

我国中医药学校教育取得了很大成绩，但也还存在一些问题。有专家认为，目前，中医药学校教育存在中医药学科特色不突出的问题，教育模式主要沿袭西医教育模式；课程设置不尽合理，重专业轻基础，重现代轻经典，忽视了传统文化的作用；教学评价和学术水平评价标准设置不科学，没有体现中医药的特色和优势等。为从法律制度上解决这一问题，本条对中医药学校教育作出了有针对性的规定。

条文解读

学校教育是中医药人才培养的主要途径。1956 年以来，我国广泛开始了以现代中医药高等院校为主的教育。现代高等中医药教育的创建，使延续了千百年的中医药教育从以传统的师承教育为主的模式转变为以院校规模教育为主的新格局，初步实现了中医药人才培养的规模化、标准化和教育管理的规范化、制度化。截至 2015 年年底，全国有高等中医药院校 42 所（其中独立设置的本科中医药院校 25 所），200 余所高等西医药院校或非医药院校设置中医药专业，在校学生总数达 75. 2 万人。

国家采取措施完善中医药学校教育体系。当前，我国已基本建立了包括中专、大专、本科、硕士研究生、博士研究生教育、职业教育等多形式、多层次、多专业的中医药学校教育体系，但与培养中医药人才主渠道的地位，与输送更多高素质中医药人才、提高中医药服务能力的要求还有差距，还需要进一步完善中医药学校教育体系。

在中医药学校教育体系中，既有专门实施中医药教育的学校，也有西医药学校以及其他非医药学校设置的中医药专业。“术业有专攻”，比较而言，专门实施中医药教育的学校在培养中医药人才方面更专业、更具优势，更能集中体现中医药文化特色，更好遵循中医药人才成长规律。因此，本条规定，国家支持专门实施中医药教育的高等学校、中等职业学校和其他教育机构的发展。国家将采取一些具体措施，支持专门实施中医药教育的高等学校、中等职业学校和其他教育机构的发展。如《中医药发展战略规划纲要（2016—2030 年)》提出，深化中医药教育改革，加强一批中医药重点学科建设，打造一批世界一流的中医药名校和学科。

根据我国高等教育法的规定，高等教育由高等学校和其他高等教育机构实施。大学、独立设置的学院主要实施本科及本科以上教育。高等专科学校实施专科教育。经国务院教育行政部门批准，科学研究机构可以承担研究生教育的任务。因此，专门实施中医药教育的“高等学校”包括大学、独立设置的学院、高等专科学校以及经批准的科学研究机构。“其他教育机构”主要是指从事中医药教育的各类培训机构等。

中医药是反映中华民族对生命、健康和疾病的认识，具有悠久历史传统和独特理论及技术方法的医药学体系，与之相对应，中医药学科有其独特的学科特色，中医药学科发展有其自身的发展规律。中医药学校教育在设置培养目标、修业年限、教学形式、教学内容、教学评价及学术水平评价标准等内容时，不能简单套用西医药学校教育的那一套，而应体现中医药学科特色，符合中医药学科发展规律。如在教学内容方面，应当以中医药内容为主，体现中医药文化特色，注重中医药经典理论和中医药临床实践相结合等。

相关规定

《中华人民共和国高等教育法》第18条；《中医药发展战略规划纲要（2016—2030年）》。

第三十五条 **国家发展中医药师承教育，支持有丰富临床经验和技术专长的中医医师、中药专业技术人员在执业、业务活动中带徒授业，传授中医药理论和技术方法，培养中医药专业技术人员。**

条文主旨

本条是关于中医药师承教育的规定。

条文解读

师承教育是千百年来中医药人才培养的重要途径，也是传承中医药学术思想、经验和技术专长的有效方式。历代中医药名师的独到经验需要一代又一代的后学者长期跟师实践，通过口传心授，反复揣摩，才能逐步领会，掌握真谛。师承教育符合中医药人才成长规律，直到今天仍然发挥着重要作用。与学校教育相比，师承教育更强调教学的实践性，重视临床技能的培养，注意因材施教，使学生在理论和实践中不断领悟中医药学的深刻意蕴。

师承教育主要有两个方面的内容：一是通过师承教育的方式，系统掌握中医药基本理论和技能，按照执业医师法的有关规定参加执业医师资格考试，取得医师资格。执业医师法规定，以师承方式学习传统医学满三年或者经多年实践医术确有专长的，经县级以上人民政府卫生行政部门确定的传统医学专业组织或者医疗、预防、保健机构考核合格并推荐，可以参加执业医师资格或者执业助理医师资格考试。同时，为了发展师承教育，解决以师承方式学习中医的人员的执业难题，本法第 15 条降低了以师承方式学习中医的人员取得中医医师资格的门槛，规定以师承方式学习中医或者经多年实践，医术确有专长的人员，由至少两名中医医师推荐，经省、自治区、直辖市人民政府中医药主管部门组织实践技能和效果考核合格后，即可取得中医医师资格；按照考核内容进行执业注册后，即可在注册的执业范围内，以个人开业的方式或者在医疗机构内从事中医医疗活动。

二是继续教育中的师承教育。有丰富临床经验和技术专长的中医医师、中药专业技术人员在执业、业务活动中，带徒授业，通过继续教育，将中医药理论和技术方法传授给已经取得执业资格的中医药专业技术人员。

近年来，国家出台文件，采取措施，发展中医药师承教育。2009 年出台的《国务院关于扶持和促进中医药事业发展的若干意见》提出，完善中医药师承教育制度。要求总结中医药师承教育经验，制订师承教育标准和相关政策措施，探索不同层次、不同类型的师承教育模式，丰富中医药人才培养方式和途径。落实名老中医药专家学术经验继承人培养与专业学位授予相衔接的政策。妥善解决取得执业资格的师承人员在职称评定和岗位聘用等方面的相关问题。

相关规定

《中华人民共和国执业医师法》第 11 条；《国务院关于扶持和促进中医药事业发展的若干意见》。

第三十六条 国家加强对中医医师和城乡基层中医药专业技术人员的培养和培训。

国家发展中西医结合教育，培养高层次的中西医结合人才。

条文主旨

本条是关于中医医师和基层中医药专业技术人员的培养和培训以及中西医结合教育的规定。

条文解读

国家加强中医药服务体系建设，为公民获得中医药服务提供保障，必须加强中医医师和城乡基层中医药专业技术人员的培养和培训。本法规定，国家加强中医药服务体系建设，为公民获得中医药服务提供保障。并要求政府举办的综合医院、妇幼保健机构和有条件的专科医院、社区卫生服务中心、乡镇卫生院应当设置中医药科室。县级以上人民政府应当采取措施，增强社区卫生服务站和村卫生室提供中医药服务的能力。同时要求中医医疗机构配备医务人员应当以中医药专业技术人员为主，主要提供中医药服务。社区卫生服务中心、乡镇卫生院、社区卫生服务站以及有条件的村卫生室应当合理配备中医药专业技术人员，并运用和推广适宜的中医药技术。要达到这些要求，必须加强中医医师和城乡基层中医药专业技术人员的培养和培训，提高中医药服务能力，特别是城乡基层中医药服务能力。本条规定的“城乡基层中医药专业技术人员”，既包括城乡基层中医医师，还包括其他专业技术人员。

为提高城乡基层中医药服务能力，从 2005 年开始，国家实施了乡村医生中医专业中专学历教育项目和乡镇卫生院中医临床技术骨干培训项目，实施了中医类别全科医师岗位培训工作。国家还将继续采取措施，加强基层中医药人才队伍建设，制定保障农村中医药人员“下得去、留得住、用得上”的政策措施，加强基层中医药人员学习教育，加强基层中医药技术骨干培养。据国务院新闻办发布的 2016 年《中国的中医药》白皮书介绍，国家开展了全国优秀中医临床人才研修、中药特色技术传承骨干人才培训、乡村医生中医药知识技能培训等高层次和基层中医药人才培养项目。

为加强中医医师和城乡基层中医药专业技术人员的培养和培训，国家出台了一系列文件和政策。《中医药发展战略规划纲要（2016—2030 年)》提出，加强全科医生人才、基层中医药人才以及中西医结合等各类专业技能人才培养。开展临床类别医师和乡村医生中医药知识与技能培训。国家中医药管理局还出台了《中医类别全科医师岗位培训管理办法（试行)》、《中医住院医师规范化培训实施办法（试行)》和《中医住院医师规范化培训标准（试行)》等规范性文件。

我国历来重视中西医结合人才的培养。在学科设置方面，1982 年，国务院学位委员会将中西医结合作为国家一级学科。在国家重点学科建设和研究生教育中包括“中西医结合基础”和“中西医结合临床”两个二级学科。在人才培养方面，20 世纪 50 年代中期我国创办西医离职学习中医班，20 世纪 70 年代末开始招收中西医结合学位研究生，20 世纪 80 年代举办三年制中西医结合研究班，包括“西学中”和“中学西”两种继续教育，20 世纪 90 年代初期在部分高等中医药院校设立五年制或三年制中西医结合专业或者专业方向，1998 年在三所中医药大学设立七年制中西医结合专业方向，部分院校设立中西医结合系或学院。21 世纪以来，中国中医药出版社陆续出版了多套中西医结合创新研究生教材，为促进中西医结合教育起到了重要作用。

中西医结合教育可以综合中西医两者之长，充分吸收利用现代医学科学和传统中医药优势认识和揭示生命现象，为人类健康服务，是培养中西医结合人才、促进中西医结合的重要途径。本法第 3 条规定，国家鼓励中医西医相互学习，相互补充，协调发展，发挥各自优势，促进中西医结合。中西医结合教育，既包括中西医结合的学校教育，也包括师承教育、继续教育等。在中西医结合学校教育方面，目前，我国已形成多层次、多形式、多模式的中西医结合人才培养体系，包括五年制中西医临床医学专业的本科教育、中西医结合硕士研究生教育、中西医结合博士研究生教育以及中西医结合博士后工作流动站。在师承教育、继续教育方面，鼓励西医学习中医，支持有丰富临床经验和技术专长的中医医师、中药专业技术人员在执业、业务活动中，带西医医师、西药专业技术人员为徒，传授中医药理论和技术方法，培养高层次的中西医结合人才。

第三十七条 **县级以上地方人民政府中医药主管部门应当组织开展中医药继续教育，加强对医务人员，特别是城乡基层医务人员中医药基本知识和技能的培训。**

中医药专业技术人员应当按照规定参加继续教育，所在机构应当为其接受继续教育创造条件。

条文主旨

本条是关于中医药继续教育的规定。

立法背景

目前，基层中医药人才相对不足，队伍整体素质偏低，无学历和低学历者占比较高，中医药服务水平不高，技术骨干缺乏，不能满足人民群众对中医药服务的需求。为解决这些不足，切实提高基层中医药服务能力，本条要求县级以上地方人民政府中医药主管部门应当组织开展中医药继续教育。

条文解读

发展中医药事业，提高中医药服务能力，人才队伍是关键。切实提高中医药服务能力，一方面，政府要主动作为，县级以上地方人民政府中医药主管部门应当组织开展中医药继续教育，加强对医务人员，特别是城乡基层医务人员中医药基本知识和技能的培训。这里的“医务人员”既包括中医药方面的医务人员，也包括西医药方面的医务人员。城乡基层医务人员直接面对广大的病患者，但他们的医疗服务水平往往还需要继续提高。中医药使用简便，主要由医生自主通过望闻问切等方法辨症用药，不依赖于各种复杂的仪器设备，在基层医疗机构条件相对简单的情况下，能够更好地为患者服务。因此，应当特别加强对城乡基层医务人员中医药基本知识和技能的培训。另一方面，中医药专业技术人员要不断学习，按照规定参加继续教育，掌握中医药基本知识，提高中医药服务技能。

《中医药条例》和一些文件对开展中医药继续教育提出了要求。《中医药条例》规定，省、自治区、直辖市人民政府负责中医药管理的部门应当依据国家有关规定，完善本地区中医药人员继续教育制度，制定中医药人员培训规划。县级以上地方人民政府负责中医药管理的部门应当按照中医药人员培训规划的要求，对城乡基层卫生服务人员进行中医药基本知识和基本技能的培训。2009 年出台的《国务院关于扶持和促进中医药事业发展的若干意见》提出，完善中医药继续教育制度，健全继续教育网络。加快中医药基层人才和技术骨干的培养。开展面向基层医生的中医药基本知识与适宜技术培训。

近年来，国家下大力气组织开展中医药继续教育，加强对医务人员，特别是城乡基层医务人员中医药基本知识和技能的培训以及适宜技术推广。对在岗乡村医生进行中医药基本知识与技能培训，掌握中医药基本知识和农村常见病、多发病的中医药防治技术，达到乡村医生中医药知识与技能基本要求。对城市社区卫生服务机构工作的非中医药类医技人员进行中医药知识与技能培训。开展面向农村、社区基层的中医适宜技术推广工作。

中医药专业技术人员应当按照规定参加继续教育。为提高中医药专业技术人员素质，国家中医药管理局出台了《中医药继续教育规定》。规定提出，中医药继续教育是继承发展中医药学科特色优势的重要举措，是中医药专业技术队伍建设的重要内容。中医药继续教育应当适应中医药事业发展和社会的实际需要，面向现代化，面向世界，面向未来。参加和接受继续教育是中医药专业技术人员的权利和义务。中医药继续教育的内容应当体现中医药学的特点，遵循继承与创新相结合的原则，继承中医药学术，学习中医药及相关领域的新理论、新技术、新方法、新信息，注重针对性、实用性和先进性。中医药专业技术人员应当结合本职工作，不断提高专业技术水平，按照相应要求，接受继续教育。初级中医药专业技术人员应当重点充实中医药基础理论、基本知识，加强中医药专业技能培训，培养中医辨证思维及独立从事中医药专业技术工作的能力。

中级中医药专业技术人员应当重点增新和拓展中医药专业知识，完善知识结构，进一步提高中医辨证思维能力及中医药专业技术水平。高级中医药专业技术人员应当重点学习其从事的中医药学科和相关学科发展的前沿知识和技术，提高中医药继承与创新能力。中医药继续教育要坚持理论联系实际，按需施教，讲求实效，注重借鉴国内外经验，根据学习对象、学习内容等具体情况，采取培训班、进修班、研修班、跟师学习、学术讲座、网络教育、学术会议、业务考察、撰写论著以及有计划、有考核的自学等方式组织实施。中医药继续教育项目和中医药人才培养专项是实施中医药继续教育的重要形式。对中医药专业技术人员接受继续教育的考核实行学分制。中医药专业技术人员参加继续教育活动所获继续教育学分每年不少于 25 学分。中医药继续教育所需经费实行政府、单位、个人等多渠道筹集，鼓励社会捐助。

所在机构应当为中医药专业技术人员接受继续教育创造条件。《中医药继续教育规定》要求，各级中医药管理部门应当将中医药继续教育经费列入预算。各中医药机构要保证中医药专业技术人员参加继续教育的必要经费，按照国家有关规定，提取职工工资总额的 1.5% ~2.5% 作为继续教育经费。中医药专业技术人员本人应当承担一定的费用。

第五章　中医药科学研究

第三十八条　国家鼓励科研机构、高等学校、医疗机构和药品生产企业等，运用现代科学技术和传统中医药研究方法，开展中医药科学研究，加强中西医结合研究，促进中医药理论和技术方法的继承和创新。

条文主旨

本条是关于中医药科学研究的规定。

立法背景

本法第3条第2款规定："发展中医药事业应当遵循中医药发展规律，坚持继承和创新相结合，保持和发挥中医药特色和优势，运用现代科学技术，促进中医药理论和实践的发展。"坚持继承创新，是贯穿于中医药事业发展始终的一项基本原则。最初，中医药法草案对中医药科学研究仅作了非常原则的规定。在审议和立法调研过程中，有些常委委员、代表和部门提出，中医药科学研究对促进中医药理论和技术方法的继承和创新具有重要作用，建议加大对中医药科学研究的支持力度，进一步充实相关内容，并作专章规定。法律委员会经研究，建议在中医药法草案总则中增加一条，规定："国家支持中医药科学研究和技术开发，鼓励中医药科学技术创新，推广应用中医药科学技术成果，保护中医药知识产权，提高中医药科学技术水平。"即本法第8条；同时专设"中医药科学研究"一章，即本法第五章。

条文解读

一、开展科学研究的主体

开展科学研究的主体是科研机构、高等学校、医疗机构和药品生产企业等。《中医药发展战略规划纲要（2016—2030年）》提出："健全以国家和省级中医药科研机构为核心，以高等院校、医疗机构和企业为主体，以中医科学研究基地（平台）为支撑，多学科、跨部门共同参与的中医药协同创新体制机制，完善中医药领域科技布局。"协同创新是科技创新的重要特征，是开展科学研究的显著特点。不同方面的科技创新有不同的科学研究主体。在中医药理论创新方面，科研的主体以科研院所和高等院校为主；在中医药临床实践创新方面，科研的主体以各级各类医疗机构为主；在产业技术创新方面，科研的主体主要是企业。

二、开展科学研究的方法

开展科学研究的方法是运用现代科学技术和传统中医药研究方法。中医药是中华民族原创的医学科学，其以整体、动态和辨证的思维方式认识生命与疾病的复杂现象，数千年来为中华民族的繁衍昌盛做出了重要贡献。但中医本身也存在中医药理论的科学内涵难以被现代社会普遍理解和接受等问题。21 世纪以生命科学、生物技术、信息科学、电子科学、材料科学、复杂科学和系统科学为前沿的世界科学技术迅猛发展，新兴学科不断产生，不断增长的知识、大量的数据库、分析工具和技术，为证实和阐明中医药理论的科学内涵及关键问题的解决提供了新的方法和可能。中医药学传统研究方法，是起源于古朴的直观思辨方法，主要采用直观、直觉、归纳、综合、分析、比较等思维方法，从整体、系统、宏观角度探究人体生命现象和疾病预防、诊治规律。较之现代科学研究方法，中医传统研究方法尚缺乏现代科技的整体介入，缺乏微观研究和结构性物理观，并以经学化和失之笼统为其缺陷。但以宏观、整体、恒动为优势和特色，以人为本，一切从临床实际出发，注意天、地、人、时的个性差异，论治疾病，传承经验，对中医学术和临床的进步起了巨大推动作用。因此，开展中医药科学研究，既要运用现代科学技术，也要充分运用传统中医研究方法，二者不能偏废。

三、主要研究范围

开展中医药科学研究和中西医结合研究。中医药科学研究包括开展中医药古籍文献整理研究、中医理论传承研究、中医药理论实践创新、中医药理论内涵诠释等。开展中医药科学研究的目的在于通过对中医药核心理论进行现代科学阐释，坚持中医药原创优势，强化继承发掘中医理论精髓，利用现代科学技术、成果和方法，促进中医药理论和技术方法的继承和创新。加强西医结合研究，就是运用现代科学技术，推进中西医资源整合、优势互补、协同创新。加强中西医结合创新研究平台建设，强化中西医临床协作，开展重大疑难疾病中西医联合攻关，形成独具特色的中西医结合诊疗方案，提高重大疑难疾病、急危重症的临床疗效。

第三十九条 国家采取措施支持对中医药古籍文献、著名中医药专家的学术思想和诊疗经验以及民间中医药技术方法的整理、研究和利用。

国家鼓励组织和个人捐献有科学研究和临床应用价值的中医药文献、秘方、验方、诊疗方法和技术。

条文主旨

本条是关于中医药继承的规定。

立法背景

中医药在几千年的发展中积累了丰富的防治疾病和健康养生的理论、技术、知识和方法。屠呦呦和她的团队翻阅数十本古医籍，终于从《肘后备急方》中汲取灵感，开发出高效、低毒的新型抗疟药“青蒿素”。发展中医药事业，必须坚持继承和创新相结合，正确处理继承与创新的关系。继承中医药的宝贵知识和经验是中医药发展创新的源泉和基础。要在系统继承中医药的学术思想和宝贵经验，坚持中医药原创优势，保持中医药优势特色的基础上，加强自主创新，挖掘中医药的科学内涵，强化继承发掘中医理论精髓，充分利用现代科学技术和方法，推动中医药理论与实践不断发展，在创新中不断形成新特色、新优势，永葆中医药薪火相传。

条文解读

本条规定的整理、研究和利用中医药古籍文献、著名中医药专家的学术思想和诊疗经验以及民间中医药技术方法，是中医药理论方法继承的具体表现，是实施中医药传承工程的重要内容。

中医古籍文献是中医学术的载体，它记录了中医药学数千年来积累的丰富理论知识和临床经验，具有重要的学术价值和文物价值，如青蒿素的发明正是受到中医古籍文献记载的启示。近年来，我国大力开展中医药古籍普查登记等工作，建立综合信息数据库和珍贵古籍名录，加强整理、出版、研究和利用。全面系统继承历代各家学术理论、流派及学说，将中医古籍文献的整理纳入国家中华典籍整理工程，开展中医古籍文献资源普查，抢救濒临失传的珍稀与珍贵古籍文献，推动中医古籍数字化，编撰出版《中华医藏》，加强海外中医古籍影印和回归工作。通过对中医药理论进行系统整理和现代诠释，研究挖掘中医药科学文献和古典医籍，构建中医药知识库。

名老中医是中医理论发展和临床实践的领军人，他们具有深厚的人文底蕴、理论功底和精湛的临床技能，在不断总结前人经验的基础上，逐步形成自己独特的学术思想和理论体系，为后人继承中医的博大精深奠定坚实的基础。要全面系统继承当代名老中医药专家学术思想和临床诊疗经验，总结中医优势病种临床基本诊疗规律。依托现有中医药机构设立当代名老中医药专家学术研究室，系统研究其学术思想、临证经验和技术专长。为加强名老中医药专家的学术思想和诊疗经验的传承，国家中医药管理局已开展了五批全国名老中医药专家学术经验继承工作，组织开展了全国优秀中医临床人才研修、中药特色技术传承骨干人才培训、乡村医生中医药知识技能培训等高层次和基层中医药人才培养项目，建立了名老中医专家学术思想和临床诊疗经验传承制度，系统挖掘整理中医古典医籍与民间医药知识和技术，建立高效的传承方法和个体化诊疗体系。

在我国传统的医学宝库中，独具特色的民间医药，以其药源易得、使用方便、价格低廉、疗效显著、易学易用易推广等特点，广泛流传于民间。加强对民间中医药技术方法的整理、研究和利用，也是中医药传承和创新的重要内容。要整理研究传统中药制药技术和经验，形成技术规范。挖掘整理民间医药知识和技术，加以总结和利用。

根据本条第二款的规定，国家还鼓励组织和个人捐献有科学研究和临床应用价值的中医药文献、秘方、验方、诊疗方法和技术。这些散存在民间的中医药文献、秘方、验方、诊疗方法和技术都是中医药药学宝库的组成部分。为及时进行系统整理、研究和利用，充分发挥其科学研究和临床应用价值，国家鼓励有关单位和个人捐献这些中医药文献、秘方、验方、诊疗方法和技术。《中医药条例》第23条规定："捐献对中医药科学技术发展有重大意义的中医诊疗方法和中医药文献、秘方、验方的，参照《国家科学技术奖励条例》的规定给予奖励。"

第四十条　国家建立和完善符合中医药特点的科学技术创新体系、评价体系和管理体制，推动中医药科学技术进步与创新。

条文主旨

本条是关于中医药科技创新的规定。

立法背景

科技创新是提高社会生产力和综合国力的战略支撑。中医药科技创新是推动中医药事业发展的动力源泉，也是科技创新的重要领域和建设创新型国家的重要内容。《国家中长期科学和技术发展规划纲要（2006—2020 年）》提出：“加强中医药继承和创新，推进中医药现代化和国际化。以中医药理论传承和发展为基础，通过技术创新与多学科融合，丰富和发展中医药理论，构建适合中医药特点的技术方法和标准规范体系，提高临床疗效，促进中医药产业的健康发展。”“重点开展中医基础理论创新及中医经验传承与挖掘，研究中医药诊疗、评价技术与标准，发展现代中药研究开发和生产制造技术，有效保护和合理利用中药资源，加强中医药知识产权保护研究和国际合作平台建设。”推动中医药科技进步与创新，不仅可以丰富中医药理论与实践，促进中医药自身发展，有利于巩固和加强我国在传统医药领域的优势地位，而且有助于增强科技竞争力，探索医疗卫生领域创新驱动发展的新路子，还可以推动中药产业转型升级，提升我国医药产业的核心竞争力，推动经济结构调整和发展方式转变。《中医药创新发展规划纲要（2006—2020 年）》和《中医药发展战略规划纲要（2016—2030 年）》对建立和完善符合中医药特点的中医药科技创新体系、评价体系和管理体制，推动中医药科技进步与创新都提出了明确要求。开展中医药科技创新需要建立符合中医药特点、遵循中医药发展规律的科学创新体系、体制，不能简单套用西医的科技创新模式，否则难以适应中医药发展的需要。所以本条强调要建立和完善符合中医药特点的科学技术创新体系、评价体系和管理体制，推动中医药科学技术进步与创新。

条文解读

一、建立和完善符合中医药特点的科技创新体系

（一）健全中医药协同创新体系。加强多学科协同创新与医教研产协同创新，促进各创新领域之间的紧密衔接与成果转化。一是充分发挥中医药科研院所和高等院校在中医理论创新中的主体作用和优势，建设一批多学科参与、具有稳定研究方向和较高研究水平的中医理论创新基地，建立符合中医药特点的科研方法学体系，加强中医理论创新成果对临床和生产实践的指导。二是充分发挥各级各类医疗卫生机构在中医临床实践创新中的主体作用和优势，尤其是国家中医临床研究基地的核心作用，支持建设一批国家中医临床医学研究中心、临床研究重点实验室和重点研究室。三是充分发挥企业在中医药技术创新、产品研发和科技成果产业化中的主体作用和优势，引导中医药企业加快发展研发力量，支持依托企业建设产品研发与技术创新中心，鼓励企业联合高等院校、科研院所与医疗卫生机构建立研发中心和产业技术创新联盟。鼓励企业积极开展中药新药和诊疗、保健仪器设备研发活动，建立健全产品和技术标准，提高市场竞争力。

（二）建设中医药科技创新平台。推进中医药国家实验室等重大科技平台以及一批国家重点实验室、国家和省级中医临床研究基地、国家中医临床医学研究中心、重点研

究室、工程技术研发中心和协同创新中心的建设，探索建立开放共享机制，鼓励和吸纳其他相关学科高水平研究机构与创新平台参与中医药科技创新。加强名老中医传承服务平台、中医药传统知识保护研究平台等特色资源平台建设，深化中医药科研伦理平台体系建设。

（三）提升中医药科技创新能力。加强科技投入的统筹协调，加强科技专项规划制定，统筹协调各类科技计划项目，支持中医药相关创新工作。深化中医药科研体系能力建设，促进中医药科技中介服务体系建设与成果转化，加快形成自主知识产权，促进创新成果的知识产权化、商品化和产业化。

二、建立和完善符合中医药特点的科技评价体系

建立和完善符合中医药特点和规律的科研标准和体系，充分体现中医药特点和规律，激励中医药科研人员开展科技创新，提高项目管理效率和研究水平，促进中医药科技成果转化，推动中药产业技术创新发展。

（一）针对不同创新主体和创新领域，改进科研评价机制。对中医理论创新，探索建立以同行评价为主，着重评价研究质量、原创价值和实际贡献的科技评价机制；对临床实践创新，探索建立由同行专家、患者与第三方机构相结合，着重评价对解决临床重大问题、提高临床疗效和服务质量的贡献价值以及成果转化应用成效的科技评价机制；对产业技术创新，探索建立由市场和用户相结合，着重评

价对产业和经济社会发展的实质贡献的科技评价机制。

（二）通过同行评价和引进第三方评估，提高项目管理效率和研究水平。建立中医药咨询专家库，充分发挥专家在科技政策制定与项目管理中的咨询作用。开展中医药科研项目绩效评估与体系建设研究，按照相关性、实施与管理、目标实现、特色与创新、效果与影响等指标开展科技项目绩效评估试点，完善既适用公共财政支出项目的一般原则、又符合中医药科研项目特点的绩效评价方法。积极推进科研管理专业机构改革，推进中医药研究伦理审查第三方评估与论证。

（三）改革中药评审标准和评价体系。进一步体现中药注册特点，继承传统，突出中医药特色，注重中药研制、生产全过程控制，保证质量均一稳定，强调临床疗效，重视临床经验的积累，促进临床研究水平提高。

（四）完善中医药科研人才评价和激励机制。建立以科研能力、创新成果和应用发展为导向的科技人才评价标准，弘扬奉献精神和团队精神。健全基于岗位职责和科技绩效评价的收入分配制度，完善科技成果转化激励机制，鼓励中医药科技人才创业，健全科技人才双向流动机制。

三、建立和完善符合中医药特点的科技管理体制

完善符合中医药科技创新规律的资源配置方式、科研组织方式和运行管理机制，积极发挥企业创新主体作用，进一步探索市场经济条件下的举国体制科研组织模式，推进科技项目管理改革。改革科技评价制度，建立以科技创新质量、贡献、绩效为导向的分类评价体系，正确评价中医药科技创新成果的科学价值、技术价值、经济价值、社会价值和文化价值。健全专家咨询机制，落实科技报告制度，完善知识产权保护制度。规范科研行为，加强科研诚信教育，打击学术不端行为，惩治学术腐败。

相关规定

《中华人民共和国科学技术进步法》。

第四十一条　国家采取措施，加强对中医药基础理论和辨证论治方法，常见病、多发病、慢性病和重大疑难疾病、重大传染病的中医药防治，以及其他对中医药理论和实践发展有重大促进作用的项目的科学研究。

条文主旨

本条是关于中医药科学研究重点领域的规定。

立法背景

为加强具有原创优势的中医药科学研究和技术创新，《国务院关于扶持和促进中医药事业发展的若干意见》提出："支持中医药科技创新，开展中医药基础理论、诊疗技术、疗效评价等系统研究，推动中药新药和中医诊疗仪器、设备的研制开发，加强重大疾病的联合攻关和常见病、多发病、慢性病的中医药防治研究。”《中医药发展战略规划纲要（2016—2030年）》提出：“运用现代科学技术和传统中医药研究方法，深化中医基础理论、辨证论治方法研究，开展经穴特异性及针灸治疗机理、中药药性理论、方剂配伍理论、中药复方药效物质基础和作用机理等研究，建立概念明确、结构合理的理论框架体系。加强对重大疑难疾病、重大传染病防治的联合攻关和对常见病、多发病、慢性病的中医药防治研究，形成一批防治重大疾病和治未病的重大产品和技术成果。综合运用现代科技手段，开发一批基于中医理论的诊疗仪器与设备。探索适合中药特点的新药开发新模式，推动重大新药创制。鼓励基于经典名方、医疗机构中药制剂等的中药新药研发。针对疾病新的药物靶标，在中药资源中寻找新的候选药物。”本条规定为加强中医药重点领域科学研究提供了法律保障，有利于我国中医药发展战略规划的实现。

条文解读

根据本条规定，国家采取措施加强对以下中医药重点领域的科学研究：

一、中医药基础理论和辨证论治方法

中医理论是中华民族在几千年生产生活实践和与疾病做斗争中逐步形成并不断丰富发展的，对人与自然、人体生命活动、健康与疾病规律性认识的医学知识体系，是中

医药学的基础与核心。中医药基本理论以阴阳五行学说和藏象、气血津液、经络、体质、病因、病机、诊法、辨证、养生、防治及康复等为主要内容，博大精深、内涵丰富。辨证论治是中医认识疾病和治疗疾病的基本原则，是中医学对疾病的一种特殊的研究和处理方法。辨证论治又称辨证施治，包括辨证和论治两个过程。所谓辨证，就是以中医学理论对四诊（望、闻、问、切）所得的资料进行综合分析，辨清疾病的病因、性质、部位以及邪正之间的关系，概括、判断为某种性质的证。论治又称施治，是根据辩证的结果确立相应的治疗原则和方法及方药，选择适当的手段和措施来处理疾病的思维和实践过程。辨证和论治是诊治疾病过程中相互联系不可分离的两部分。辨证是决定治疗的前提和依据，论治是治疗的手段和方法。辨证论治是认识疾病和解决疾病的过程，是理论与实践相结合的体现，是理法方药在临床上的具体运用，是指导中医临床工作的基本原则。中医药基础理论和辨证论治方法在中医药理论体系中处于基础和核心地位。要通过开展中医药基础理论和辨证论治方法科学研究，充分运用中医药学的历史积累、实践检验和现代科技方法与手段，加强对中医药核心理论科学内涵的阐释，开展经穴特异性及针灸治疗机理、中药药性理论、方剂配伍理论、中药复方药效物质基础和作用机理等研究，建立概念明确、结构合理的中医药理论框架体系。

二、常见病、多发病、慢性病中医药防治

中医的一个突出特点是“治未病”，强调“预防为主”，重在“未病先防、既病防变、瘥后防复”。中医强调生活方式和健康有着密切关系，主张以养生为要务，认为可通过情志调摄、劳逸适度、膳食合理、起居有常等，也可根据不同体质或状态给予适当干预，以养神健体，培育正气，提高抗邪能力，从而达到保健和防病作用。中医药的另一个特点是使用简便。中医诊断主要由医生自主通过望、闻、问、切等方法收集患者资料，不依赖于各种复杂的仪器设备。中医干预既有药物，也有针灸、推拿、拔罐、刮痧等非药物疗法。许多非药物疗法不需要复杂器具，其所需器具（如小夹板、刮痧板、火罐等）往往可以就地取材，易于推广使用。近年来，我国推广的中医药临床适宜技术、中医非药物疗法，在常见病、多发病和慢性病防治中具有独特作用。中医药在“治未病”方面发挥主导作用、在疾病的康复方面发挥核心作用，以较低的投入提供了与资源份额相比较高的服务份额。中医药以其临床疗效确切、预防保健作用独特、治疗方式灵活、费用相对低廉等特色优势，在新一轮深化医药卫生体制改革进程中发挥保基本、强基层、控费用的重要作用，丰富了中国特色基本医疗卫生制度的内涵。因此，要加强对常见病、多发病、慢性病中医药防治研究，充分发挥中医药在临床疾病防治中的优势，不断提高服务人民健康的贡献度。

三、重大疑难疾病、重大传染病的中医药防治

近年来，中医药在重大疫情防治和突发公共事件医疗救治中发挥了重要作用。中医治疗传染性非典型肺炎，疗效得到世界卫生组织肯定。中医治疗甲型 H1N1 流感，取得良好效果，成果引起国际社会关注。同时，中医药在防治艾滋病、手足口病、人感染 H7N9 禽流感等传染病，以及四川汶川特大地震、甘肃舟曲特大泥石流等突发公共事件医疗救治中，都发挥了独特作用。要组织重大疑难疾病、重大传染病防治的联合攻关，开展对恶性肿瘤、心脑血管疾病、重大传染病、免疫性疾病、代谢性疾病、老年性疾病、精神心理与心身疾病、病毒性疾病、消化系统疾病、寄生虫病、妇儿疾病防治研究。以提高具有中医药治疗优势的重大疾病防治方案的实用性为目标，通过规范化的临床方案设计，开展临床验证与评价研究，实现防治方案的优化和推广应用，同时为应对突发公共卫生事件做好技术储备。

相关规定

《国务院关于扶持和促进中医药事业发展的若干意见》。

第六章　中医药传承与文化传播

第四十二条　对具有重要学术价值的中医药理论和技术方法，省级以上人民政府中医药主管部门应当组织遴选本行政区域内的中医药学术传承项目和传承人，并为传承活动提供必要的条件。传承人应当开展传承活动，培养后继人才，收集整理并妥善保存相关的学术资料。属于非物质文化遗产代表性项目的，依照《中华人民共和国非物质文化遗产法》的有关规定开展传承活动。

条文主旨

本条是关于开展中医药学术传承的规定。

立法背景

我国中医药有几千年的悠久历史，对于中国乃至世界人民的健康做出了巨大贡献，是“一个伟大的宝库”，是我国极其宝贵的财产，应当对中医药传承与文化传播给予高度重视。我国非物质文化遗产法已于 2011 年 2 月 25 日颁布，并自2011年6月1日起施行。非物质文化遗产法规定国务院建立国家级非物质文化遗产代表性项目名录，省、自治区、直辖市人民政府建立地方非物质文化遗产代表性项目名录，将体现中华民族优秀传统文化，具有重大历史、文学、艺术、科学价值的相关非物质文化遗产项目列入各自名录予以保护。作为中华民族优秀传统文化的重要体现和组成部分，针灸、中药炮制技术、中医正骨疗法等9项“传统医药”项目，已于2006年列入由文化部确定并公布的第一批国家级非物质文化遗产代表性项目名录。

条文解读

本条是关于开展中医药学术传承的规定，可以从以下三个方面理解：

一、省级以上中医药主管部门的职责

中医药是具有悠久历史传统和独特理论及技术方法的医药科学体系，中医药的发展，离不开学术的传承。但由于各种原因，中医药学术传承现状尚不能令人满意，存在着学术传承重点不突出、政府主体责任不明确、学术传承项目和传承人的遴选不够规范等问题。为此，本条明确规定学术传承的重点是“具有重要学术价值的中医药理论和技术方法”，实践中应当以此为标准规范中医药学术传承项目和传承人的遴选。同时，明确规定了政府主体责任，省级以上人民政府中医药主管部门应当公平公正地组织遴选本行政区域内的中医药学术传承项目和传承人，并为传承

活动提供必要的条件，例如为传承人的传承活动提供必要的场地、经费资助等。

二、中医药学术传承人的义务

省级以上人民政府中医药主管部门积极履职的同时，中医药学术传承人应当具有使命意识，积极开展中医药学术传承活动，培养后继人才，收集整理并妥善保存相关的学术资料。

三、处理好与非物质文化遗产法的衔接关系

具有重要学术价值的中医药理论和技术方法的学术传承项目同时属于非物质文化遗产代表性项目的情况下，应当依照非物质文化遗产法的有关规定开展传承活动。国务院文化主管部门和省、自治区、直辖市人民政府文化主管部门对本级人民政府批准公布的非物质文化遗产代表性项目，可以认定代表性传承人。非物质文化遗产代表性项目的代表性传承人应当符合下列条件：（1）熟练掌握其传承的非物质文化遗产；（2）在特定领域内具有代表性，并在一定区域内具有较大影响；（3）积极开展传承活动。认定非物质文化遗产代表性项目的代表性传承人，应当参照执行非物质文化遗产法有关代表性项目评审的规定，并将所认定的代表性传承人名单予以公布。县级以上人民政府文化主管部门根据需要，采取下列措施，支持非物质文化遗产代表性项目的代表性传承人开展传承、传播活动：（1）提供必要的传承场所；（2）提供必要的经费资助其开展授

徒、传艺、交流等活动；（3）支持其参与社会公益性活动；（4）支持其开展传承、传播活动的其他措施。非物质文化遗产代表性项目的代表性传承人应当履行下列义务：（1）开展传承活动，培养后继人才；（2）妥善保存相关的实物、资料；（3）配合文化主管部门和其他有关部门进行非物质文化遗产调查；（4）参与非物质文化遗产公益性宣传。非物质文化遗产代表性项目的代表性传承人无正当理由不履行前款规定义务的，文化主管部门可以取消其代表性传承人资格，重新认定该项目的代表性传承人；丧失传承能力的，文化主管部门可以重新认定该项目的代表性传承人。

相关规定

《中华人民共和国非物质文化遗产法》第4章。

第四十三条 国家建立中医药传统知识保护数据库、保护名录和保护制度。

中医药传统知识持有人对其持有的中医药传统知识享有传承使用的权利，对他人获取、利用其持有的中医药传统知识享有知情同意和利益分享等权利。

国家对经依法认定属于国家秘密的传统中药处方组成和生产工艺实行特殊保护。

条文主旨

本条是关于中医药传统知识保护的规定。

立法背景

从传统的知识产权保护角度，传统知识已经处于公有领域，属于不受保护、人人可以自由利用的对象，然而随着经济全球化的发展，国际上出现了一些西方发达国家利用先进的技术和资金手段，优先无偿利用别国的传统知识申请专利，反过来利用知识产权制度限制甚至排斥传统知识来源国利用自身传统知识的不合理现象。由于民族的生存和发展遭受到越来越大的威胁，传统知识来源国开始感受到保护传统知识的重要性，国际上逐渐对传统知识保护达成了共识。通过中医药立法建立健全中医药传统知识保护制度，对于保护我国的中医药传统知识具有重要意义。

条文解读

尽管目前关于传统知识的概念，尚未有世界范围内公认的定义，但一般认为传统知识具有历史性、传承性、地域性等特点。中医药传统知识是基于中华民族悠久的历史文化传统，反映中华民族对生命、健康和疾病的认识，是长期传承并持续发展的有价值的医药学体系。本条对中医药传统知识保护分三款作出以下规定：

第 1 款明确规定，国家建立中医药传统知识保护数据库、保护名录和保护制度。中医药传统知识保护是个浩大的系统工程，对于维护国家和民族利益而言必要而又迫切，因此应由国家作为主体，建立和完善中医药传统知识保护制度。2013 年以来，国家中医药管理局设立“中医药传统知识技术研究”项目，在全国开展中医药传统知识摸底调查、筛选及确认等工作，对符合入选标准的中医药传统知识项目进行了登记和立档；同时，国家中医药管理局已经启动建立中医药传统知识保护数据库、保护名录，并已收录隋唐以前 32 种方剂类古籍，共计 38000 多种方剂，为建立中医药传统知识保护制度打下了坚实的基础。

第 2 款明确规定，中医药传统知识持有人对其持有的中医药传统知识享有传承使用的权利，对他人获取、利用其持有的中医药传统知识享有知情同意和利益分享等权利。《生物多样性公约》（Convention on Biological Diversity）是一项保护地球生物资源的国际性公约，我国已于 1992 年 6 月 11 日签署，并于 1992 年 11 月 7 日批准加入该公约。2010 年 10 月《生物多样性公约》缔约国大会在日本名古屋召开，并签署通过了《生物多样性关于获取遗传资源和公正公平地分享利用所产生惠益的名古屋议定书》（简称“名古屋议定书”），就遗传资源和传统知识的获取和惠益分享等问题达成了一致，并要求缔约国采取立法或行政措施，确保获取传统知识的惠益分享义务的切实履行。该款规定属于与“名古屋议定书”相衔接的规定，保障中医药传统知识持有人对他人获取、利用其持有的中医药传统知识享有知情同意和利益分享等权利。需要注意的是，这里的“中医药传统知识持有人”不仅包括自然人，也包括中医药传统知识持有单位等法人。

第3款明确规定，国家对经依法认定属于国家秘密的传统中药处方组成和生产工艺实行特殊保护。中医药传统知识里面，有一部分是一直长期保密，不处于公共知识领域的国家秘密。依据保守国家秘密法的规定，“国家秘密”是指关系国家安全和利益，依照法定程序确定，在一定时间内只限一定范围的人员知悉的事项。国家秘密有着严格的保密管理制度，下列涉及国家安全和利益的事项，泄露后可能损害国家在政治、经济、国防、外交等领域的安全和利益的，应当确定为国家秘密：“（一）国家事务重大决策中的秘密事项；（二）国防建设和武装力量活动中的秘密事项；（三）外交和外事活动中的秘密事项以及对外承担保密义务的秘密事项；（四）国民经济和社会发展中的秘密事项；（五）科学技术中的秘密事项；（六）维护国家安全活动和追查刑事犯罪中的秘密事项；（七）经国家保密行政管理部门确定的其他秘密事项。”目前，“科学技术中的秘密事项”由我国科技行政主管部门等依法认定。例如片仔癀（配方和生产工艺双绝密）、云南白药等我国仅有的2个国家一级中药保护品种，作为“科学技术中的秘密事项”已列为绝密级“国家秘密”。依据保守国家秘密法的规定，国家秘密的保密期限，除另有规定外，绝密级不超过30年；对需要延长保密期限的，应当在原保密期限届满前重新确定保密期限。对依照保守国家秘密法认定属于国家秘密的传统中药处方组成和生产工艺实行特殊保护，有利于更好地保护这些特殊的中药品种资源，这也是维护国家安全和利益的需要。

相关规定

《中华人民共和国保守国家秘密法》第2条、第9条、第15条、第19条。

第四十四条　国家发展中医养生保健服务，支持社会力量举办规范的中医养生保健机构。中医养生保健服务规范、标准由国务院中医药主管部门制定。

条文主旨

本条是关于规范发展中医养生保健服务的规定。

立法背景

近年来，随着人们健康意识的逐步增强，具有传统特色和优势的中医养生保健受到了前所未有的关注，“中医治未病”等社会需求持续升温，中医养生保健服务显示出广阔的发展前景。然而，随着中医养生保健的兴起，许多问题也逐渐显现出来，尤其是在非医疗机构提供的中医养生保健服务，面临着监管主体缺位、相关标准规范缺失、市场宣传不科学等问题，如果不在扶持发展的同时严格加以规范，将有可能给中医养生保健服务的声誉造成损害，给人民群众的身体健康带来严重隐患。

条文解读

本条关于中医养生保健服务的规定，主要包括以下三层含义：一是要发展中医养生保健服务。按照 2015 年 4 月发布的《中医药健康服务发展规划（2015—2020 年）》的规定，要培育一批技术成熟、信誉良好的知名中医养生保健服务集团或连锁机构，也要鼓励中医医疗机构发挥自身技术人才等资源优势，为中医养生保健机构规范发展提供支持。2016 年 2 月发布的《中医药发展战略规划纲要（2016—2030 年）》也将大力发展中医养生保健服务列为七项重点任务之一。

二是要规范中医养生保健服务。按照《中医药健康服务发展规划（2015—2020 年）》的规定，要加快制定中医养生保健服务类规范和标准，推进各类机构根据规范和标准提供服务，形成针对不同健康状态人群的中医健康干预方案或指南（服务包）。建立中医健康状态评估方法，丰富中医健康体检服务。推广太极拳、健身气功、导引等中医传统运动，开展药膳食疗。运用云计算、移动互联网、物联网等信息技术开发智能化中医健康服务产品。为居民提供融中医健康监测、咨询评估、养生调理、跟踪管理于一体，高水平、个性化、便捷化的中医养生保健服务。

三是明确由国务院中医药主管部门制定中医养生保健服务规范、标准。《国务院关于促进健康服务业发展的若干意见》（国发〔2013〕40 号）曾提出要求，完善健康服务法规标准和监管，推动制定、修订促进健康服务业发展的相关法律、行政法规。中医养生保健服务行业能够长期健康发展，必须要以规范服务行为、提高服务质量和提升服务水平为核心，健全服务标准体系，强化标准的实施，提高中医养生保健服务业标准化水平。为此，中医药法明确国务院中医药主管部门制定中医养生保健服务规范、标准的职责，以促进和规范中医养生保健服务的发展。

相关规定

《中医药健康服务发展规划（2015—2020 年）》；《国务院关于促进健康服务业发展的若干意见》。

第四十五条　县级以上人民政府应当加强中医药文化宣传，普及中医药知识，鼓励组织和个人创作中医药文化和科普作品。

条文主旨

本条是关于政府加强中医药文化宣传和知识普及的规定。

立法背景

中医药学既是一门医学科学，也是中国的优秀传统文化。习近平总书记在澳大利亚皇家墨尔本理工大学中医孔子学院揭牌仪式上指出："中医药学凝聚着深邃的哲学智慧和中华民族几千年的健康养生理念及其实践经验，是中国古代科学的瑰宝，也是打开中华文化宝库的钥匙。"这深刻揭示了中医药学与中华文化的渊源关系。

条文解读

传播中华优秀传统文化，普及中医药知识是政府应承担的重要责任。县级以上人民政府应当依法加强中医药文化宣传，普及中医药知识，鼓励组织和个人创作中医药文化和科普作品。文化宣传等相关内容非常广泛，但至少可以从以下几个方面加深理解。

一是要加强"大医精诚"等中医药文化宣传。"大医精诚"出自我国唐朝孙思邈所著《备急千金要方》第一卷，是中医学典籍中论述医德的一篇极为重要的文献。"大医精诚"是中医药文化的核心价值理念，是中华民族深邃的哲学思想、高尚的道德情怀和卓越的文明智慧在中医药中的集中体现。"大医精诚"的"精"字，体现了中医的医道精微，要求精勤治学，精研医道，追求精湛的医术；"大医精诚"的"诚"字，体现了中医人格修养的最高境界，要求心怀至诚、以人为本，践行仁心仁术、尊重生命的人道主义精神。因此，县级以上人民政府要遵循《中医药发展战略规划纲要（2016—2030 年)》的规定，大力倡导“大医精诚”理念，强化中医药职业道德建设，促进形成良好的行业风尚。

二是普及中医药知识，推广中医治未病理念的健康工作和生活方式等。中医药知识内容广泛，其中备受人民群众欢迎的就是养生保健等方面的知识。向群众普及中医药防病保健的理念和知识，提供养生保健、延年益寿的简便有效方法，有助于帮助群众在工作生活中养成良好的习惯，提升健康水平和生命质量。加强养生保健方面的中医药知识普及，是满足人民群众健康和文化需求的必然选择。

三是鼓励组织和个人创作中医药文化和科普作品。中医药文化和科普作品是进行中医药文化宣传和知识普及的重要载体和路径。例如，中医药食疗药膳漫画以群众喜闻乐见的形式，对宣传中医药文化知识起到了极好的推动作用。同时，中医药文化和科普作品有其自身不可忽略的产业价值。县级以上人民政府要遵循《中医药发展战略规划纲要(2016—2030 年)》的规定，推动中医药与文化产业融合发展，探索将中医药文化纳入文化产业发展规划。创作一批承载中医药文化的创意产品和文化精品。促进中医药与广播影视、新闻出版、数字出版、动漫游戏、旅游餐饮、体育演艺等有效融合，发展新型文化产品和服务。培育一批知名品牌和企业，提升中医药与文化产业的融合发展水平。

第四十六条 开展中医药文化宣传和知识普及活动，应当遵守国家有关规定。任何组织或者个人不得对中医药作虚假、夸大宣传，不得冒用中医药名义牟取不正当利益。

广播、电视、报刊、互联网等媒体开展中医药知识宣传，应当聘请中医药专业技术人员进行。

条文主旨

本条是关于社会各界开展中医药文化宣传和知识普及的规定。

条文解读

本条第1款规定了开展中医药文化宣传和知识普及活动的要求，包括：一是开展中医药文化宣传和知识普及活动，应当遵守国家有关规定。国家对中医药文化宣传和知识普及活动出台了有关管理规定，例如在规范中医养生保健类宣传活动方面就有《国家中医药管理局关于进一步加强对中医养生类节目指导的通知》《国家新闻出版广电总局关于进一步加强医疗养生类节目和医药广告播出管理的通知》(新广电发〔2016〕156号)、《国家新闻出版广电总局关于做好养生类节目制作播出工作的通知》(新广电发〔2014〕223号) 等规范性文件。要求电台、电视台开办医疗养生类节目，应当坚持以宣传普及疾病预防、控制、治疗和养生保健等科学知识为主体内容，坚持真实、科学、权威、实用的原则，不得夸大夸张或虚假宣传、误导受众。严格医疗养生类节目备案管理，未经备案的医疗养生类节目一律不得播出。中央广播电视机构、全国卫视频道播出医疗养生类节目，报总局备案。其他频道、频率播出医疗养生类节目，一律报所在地省级新闻出版广电行政部门备案等。二是明确任何组织或者个人不得对中医药作虚假、夸大宣传，不得冒用中医药名义牟取不正当利益，否则依法追究法律责任。前些年发生的张悟本事件，给社会造成了很恶劣的影响，给人民群众生命健康安全造成威胁，并且严重败坏了中医药的声誉。有鉴于此，对于社会各界开展中医药文化宣传和知识普及活动应当予以严格规范，禁止任何组织或者个人对中医药作虚假、夸大宣传，或者冒用中医药名义牟取不正当利益。

本条第 2 款规定，广播、电视、报刊、互联网等媒体开展中医药知识宣传，应当聘请中医药专业技术人员进行。广播、电视、报刊、互联网等媒体开展中医药知识宣传时，应当对聘请人员的资质进行审查，由中医药专业技术人员进行中医药知识宣传，以保证宣传的质量和专业性。

第七章　保障措施

第四十七条　县级以上人民政府应当为中医药事业发展提供政策支持和条件保障，将中医药事业发展经费纳入本级财政预算。

县级以上人民政府及其有关部门制定基本医疗保险支付政策、药物政策等医药卫生政策，应当有中医药主管部门参加，注重发挥中医药的优势，支持提供和利用中医药服务。

条文主旨

本条是关于为中医药事业发展提供政策支持、条件保障、发展经费保障等保障措施的规定。

立法背景

中医药是中华民族的瑰宝，是我国医药卫生体系的特色和优势，是国家医药卫生事业的重要组成部分。新中国成立以来，国家高度重视中医药工作，坚持中西医并重，中医药事业取得了显著成就。但是，随着经济社会快速发展，中医药事业发展面临着一些新的问题和挑战，我国中医药资源总量仍然不足，中医药服务领域出现萎缩现象，其中尤为突出的是一些县级以下基层中医院规模小、设备陈旧、能力薄弱、经营困难，存在中医药服务能力不足的问题，难以发挥中医药的特色和优势，发展规模和水平还不能满足人民群众的需求。当前，我国进入全面建成小康社会决胜阶段，满足人民群众对简便验廉的中医药服务需求，迫切需要大力拓宽中医药服务领域。深化医药卫生体制改革，加快推进健康中国建设，迫切需要在构建中国特色基本医疗制度中发挥中医药独特作用。适应未来医学从疾病医学向健康医学转变，迫切需要继承和发展中医药的绿色健康理念、天人合一的整体观念、辨证施治和综合施治的诊疗模式。促进经济转型升级，培育新的经济增长动能，迫切需要加大对中医药的扶持力度，促进中医药产业提质增效。在现阶段，需要采取针对性措施支持中医药事业持续健康发展。

条文解读

中医药事业的发展，离不开政府扶持和支持。本条明确了县级以上人民政府在发展中医药事业中的政府责任。一是，为中医药事业发展提供政策支持。如改革中医药价格形成机制，合理确定中医医疗服务收费项目和价格，降低中成药虚高药价，破除以药补医机制。在国家基本药物目录中进一步增加中成药品种数量。地方各级政府要在土地利用总体规划和城乡规划中统筹考虑中医药发展需要，扩大中医医疗、养生保健等用地供给等。二是，为中医药事业发展提供条件保障。中医药事业发展需要切实提高中医医疗服务能力，全面建成以中医类医院为主体、综合医院等其他类别医院中医药科室为骨干、基层医疗卫生机构为基础、中医门诊部和诊所为补充、覆盖城乡的中医医疗服务网络。同时，切实提高中医药防病治病能力，持续实施基层中医药服务能力提升工程，提高县级中医医院和基层医疗卫生机构优势病种诊疗能力、中医药综合服务能力。上述硬件、软件都需要县级以上人民政府给予切实投入，完善条件，提供保障。三是，将中医药事业发展经费纳入本级财政预算。这是草案二审后，根据常委委员和各方面有关加大对中医药发展的支持和保障力度的意见所增加的内容。近年来，政府财政中医药投入总量快速增长，在基础建设和服务能力建设方面，中央财政投入不断增加，但是，欠账多、投入不到位等因素，导致中医医院、中医药科室存在运行不畅，甚至是收不抵支问题，仍需要政府加大财政支持。本条明确中医药事业发展经费应当纳入本级财政预算，针对目前中医药事业发展遇到的突出问题，解决中医药事业发展的燃眉之急，有利于中医药事业良性、健康发展。

县级以上人民政府及其有关部门制定基本医疗保险支付政策、药物政策等医药卫生政策应当有中医药行政主管部门参加，支持提供和利用中医药服务。目前，医药卫生政策存在一些不利于中医药事业发展的规定，比如有些疗效好、费用低的中医药服务项目还未纳入基本医疗保险支付范围，国家基本药物目录中中成药品种数量偏少等。县级以上人民政府在制定医药卫生政策，进行制度顶层设计时，应当考虑中医药发展需求，重视发挥中医药的优势，采取措施支持提供和利用中医药服务。为此，需要完善工作机制，明确中医药主管部门参与制定程序，从政策制定的源头上，保障中医药行政主管部门的参与权和话语权，保证中医药受到应有的重视。

第四十八条　县级以上人民政府及其有关部门应当按照法定价格管理权限，合理确定中医医疗服务的收费项目和标准，体现中医医疗服务成本和专业技术价值。

条文主旨

本条是关于合理确定中医医疗服务收费项目和标准的规定。

立法背景

推进医疗服务价格改革，是深化医药卫生体制改革和推进公立医院综合改革的重要内容，有利于促进医疗机构新型补偿机制的建立，医院收入结构的优化，激发医务人员工作积极性，从根本上解决看病难、看病贵难题。相比西医，中医医疗服务价格低问题更为突出，不能体现中医医疗服务价值，直接影响中医药在医疗机构中的地位和从事中医人员的收入，也使中医难以得到应有的尊重，影响中医药事业发展。

条文解读

针对目前中医医疗服务的收费项目和标准偏低，不符合实际情况的问题，本条明确规定县级以上人民政府及其有关部门应当合理确定中医医疗服务的收费项目和标准，能够体现中医医疗服务成本和专业技术价值。县级以上人民政府及其有关部门应当按照法定价格管理权限确定中医医疗服务收费项目和标准。这里的"法定价格管理权限"是指价格法所规定的价格管理权限。价格法第 19 条规定："政府指导价、政府定价的定价权限和具体适用范围，以中央的和地方的定价目录为依据。""中央定价目录由国务院价格主管部门制定、修订，报国务院批准后公布。""地方定价目录由省、自治区、直辖市人民政府价格主管部门按照中央定价目录规定的定价权限和具体适用范围制定，经本级人民政府审核同意，报国务院价格主管部门审定后公布。""省、自治区、直辖市人民政府以下各级地方人民政府不得制定定价目录。"第 20 条规定："国务院价格主管部门和其他有关部门，按照中央定价目录规定的定价权限和具体适用范围制定政府指导价、政府定价；其中重要的商品和服务价格的政府指导价、政府定价，应当按照规定经国务院批准。”“省、自治区、直辖市人民政府价格主管部门和其他有关部门，应当按照地方定价目录规定的定价权限和具体适用范围制定在本地区执行的政府指导价、政府定价。”“市、县人民政府可以根据省、自治区、直辖市人民政府的授权，按照地方定价目录规定的定价权限和具体适用范围制定在本地区执行的政府指导价、政府定价。”合理确定中医医疗服务的收费项目和标准，应当通过与医保支付政策进行配套衔接、加强监管，防止乱收费，增加患者负担。

相关规定

《中华人民共和国价格法》第19条、第20条。

第四十九条　县级以上地方人民政府有关部门应当按照国家规定，将符合条件的中医医疗机构纳入基本医疗保险定点医疗机构范围，将符合条件的中医诊疗项目、中药饮片、中成药和医疗机构中药制剂纳入基本医疗保险基金支付范围。

条文主旨

本条是关于将中医医疗机构和中医诊疗项目、中药纳入基本医疗保险范围的规定。

条文解读

将符合条件的中医医疗机构纳入基本医疗保险定点医疗机构范围，符合条件的中医诊疗项目、中药饮片、中成药和医疗机构中药制剂纳入基本医疗保险基金支付范围，实现中医药诊疗服务、中医药物与基本医疗保险制度的衔接融合，作为中医药事业发展的重要保障措施具有现实意义。一是，彰显中西医并重的方针。中医药事业是我国医药卫生事业的重要组成部分，国家大力发展中医药事业，实行中西医并重的方针。将中医药诊疗服务和中医药物纳入基本医疗保险制度中，表明国家对中医、西医在相关制度安排方面一视同仁，彰显了国家发展中医药事业的决心。二是，为中医药事业发展提供“造血”功能。目前，我国基本医疗保险实现了制度全覆盖，有95%以上的城乡居民享受到了各种医疗的保障。如果将中医诊疗服务和中医药物排除在基本医疗保险之外，不仅限制了患者对于治疗和药物的选择空间，更是直接抑制了患者对中医药的需求，势必阻碍中医药事业的发展。如果将中医诊疗服务和中医药物逐步纳入基本医疗保险之中，能更好地释放社会对中医药的需求，便于引导患者选择中医药，有利于实现中医药事业的良性、健康发展。

目前，我国基本医疗保险制度正处在不断完善健全的过程中，将中医医疗机构和中医诊疗服务、中医药物纳入基本医疗保险制度中体现了中国特色。这里需要指出的是，“符合条件”主要是指符合人力资源社会保障等部门要求的相关条件。如医疗机构与社会保险经办机构签订定点服务协议，纳入基本医疗保险制度，需要自愿提出申请，符合统筹地区人力资源社会保障部门公开的医药机构条件，包括医药机构规划布局、服务能力、内部管理、财务管理、信息系统等方面条件。经办机构开展评估，并根据评估结果，统筹考虑医药服务资源配置、服务能力和特色、医疗保险基金的支撑能力和信息系统建设以及参保人员就医意向等因素，选择服务质量好、价格合理、管理规范的医药机构签订服务协议。又如，根据《城镇职工基本医疗保险用药范围管理暂行办法》规定，基本医疗保险用药范围通过制定《基本医疗保险药品目录》进行管理。纳入《药品目录》的药品，应是临床必需、安全有效、价格合理、使用方便、市场能够保证供应的药品，并具备下列条件之一：(1)《中华人民共和国药典》(现行版)收载的药品；(2)符合国家药品监督管理部门颁发标准的药品；(3)国家药品监督管理部门批准正式进口的药品。《药品目录》中的西药和中成药在《国家基本药物》的基础上遴选，并分“甲类目录”和“乙类目录”。“甲类目录”的药品是临床治疗必需，使用广泛，疗效好，同类药品中价格低的药品。“乙类目录”的药品是可供临床治疗选择使用，疗效好，同类药品中比“甲类目录”药品价格略高的药品。人力资源社会保障部负责国家《药品目录》的组织制定工作，成立相关部委参加的国家《药品目录》评审领导小组，负责评审《药品目录》及每年新增补和删除的药品。

第五十条　国家加强中医药标准体系建设，根据中医药特点对需要统一的技术要求制定标准并及时修订。

中医药国家标准、行业标准由国务院有关部门依据职责制定或者修订，并在其网站上公布，供公众免费查阅。

国家推动建立中医药国际标准体系。

条文主旨

本条是关于加强中医药标准体系建设的规定。

立法背景

中医药标准化体系建设在中医药事业发展中起到基础性、战略性、全局性作用，也为开展中医药管理提供重要依据。加强中医药标准化体系建设是中医药事业发展的重要保障。

条文解读

本条从三个方面对中医药标准体系建设作了规定。

一是，国家应当加强中医药标准体系建设。中医药标准体系包括多个方面，如技术操作规范标准、疗效评价标准、中医治未病标准、中药炮制标准、药膳制作标准等技术标准，中药鉴定标准、中药制剂标准、中药配方颗粒标准、道地药材标准等中药标准，等等。目前，中医药标准制定工作正在加快进行，我国中医药标准体系有了长足进步。政府有关方面应当依照本法规定继续加强中医药标准体系建设，及时制定和修订相应标准。

二是，中医药国家标准、行业标准应当符合中医药特点，并符合统一技术要求的实际需求。目前有的中医药标准比较滞后，不能适应中医药发展的需要，应当及时更新、修订，同时标准的制定要体现中医药特点。中医药国家标准、行业标准由国务院有关部门依据职责制定或者修订，其他组织无权制定或者修订。相关标准应当在制定或者修订部门的网站上予以公布，供公众免费查阅，便于社会了解和执行。

三是，国家应当推动建立中医药国际标准体系。中医药不仅是中国的，更是全人类的。中医药走出国门，有利于中医药事业的长远发展，也肩负着展示中国形象、发挥中国“软实力”的重大使命。为了营造有利于中医药海外发展的国际环境，应当深化与各国政府和世界卫生组织、国际标准化组织等的交流和合作，积极参与国际规则，尤其是中医药国际标准的研究和制定，搭建中医药国际标准化工作平台，建立国际标准化信息渠道。推动建立中医药国际标准体系，需要不断发展中医药，加快国内标准向国际标准转化。

第五十一条　开展法律、行政法规规定的与中医药有关的评审、评估、鉴定活动，应当成立中医药评审、评估、鉴定的专门组织，或者有中医药专家参加。

条文主旨

本条是关于法律、行政法规规定的与中医药有关的评审、评估、鉴定活动应当成立专门组织或者有中医药专家参加的规定。

立法背景

中医药事业是我国医药卫生事业的重要组成部分，中医药事业的发展应当遵循中医药发展规律，促进中医药特色和优势的保持和发挥，中医药管理制度也应当符合中医药特点。本法规定开展法律、行政法规规定的与中医药有关的评审、评估、鉴定活动，应当成立中医药评审、评估、鉴定的专门组织，或者有中医药专家参加，有利于提高评审、评估、鉴定活动的效率和水平，保障这些活动符合中医药特点，体现中医药特色，遵循中医药自身的发展规律。

条文解读

本条中“法律、行政法规规定”的，主要是指本法、药品管理法、执业医师法以及《医疗机构管理条例》《中医药管理条例》《中药品种保护条例》等法律、行政法规规定的中医药专业技术职务任职资格的评审，中医医疗、教育、科研机构的评审、评估，中医药科研课题的立项和成果鉴定等评审、评估和鉴定活动等。如药品管理法第33条规定，国务院药品监督管理部门组织药学、医学和其他技术人员，对新药进行审评，对已经批准生产的药品进行再评价。国务院药品监督管理部门组织对中药新药进行审评、对已经批准生产的中药药品进行再评价，应当成立中医药评审、评估、鉴定的专门组织，或者有中医药专家参加。

开展与中医药有关的评审、评估、鉴定活动，主要有两种形式，一是成立专门的中医药评审、评估、鉴定组织。二是吸收中医药专家参加评审、评估、鉴定活动。

相关规定

《中华人民共和国药品管理法》第33条。

第五十二条 国家采取措施，加大对少数民族医药传承创新、应用发展和人才培养的扶持力度，

加强少数民族医疗机构和医师队伍建设，促进和规范少数民族医药事业发展。

条文主旨

本条是关于国家采取措施促进和规范少数民族医药发展的规定。

立法背景

少数民族医药是我国中医药的重要组成部分。少数民族医药的发展对于保护人体健康、传承民族文化、维护民族团结稳定、促进民族繁荣具有重要意义。由于历史条件、文化背景和发展情况不同，我国各少数民族医药的发展也处于不同阶段，有的建立了完整的医学理论学科体系，上升到了学科的水平；有的经过发掘整理医学体系，得到基本恢复和表述，但尚未成为一门完整的学科；还有的少数民族医药知识尚处于零散状态，只有一些零星的单方验方和医疗经验。目前，少数民族医药存在着特色诊疗方法、技术优势发挥不足，医疗机构投入不足、数量较少、基础设施较差、功能不全、发展层次不齐等问题。为促进和规范少数民族医药事业发展，本条规定国家采取措施，加大对少数民族医药传承创新、应用发展和人才培养的扶持力度，加强少数民族医疗机构和医师队伍建设。

条文解读

加强少数民族医药工作，主要包括以下几个方面：

一是，加大对少数民族医药传承创新的扶持力度。针对一些少数民族医药的传承出现较大困难的情况，明确国家要采取措施，加大对少数民族医药传承创新的扶持力度。在此方面主要是加强民族医药传承保护、理论研究和文献的抢救与整理，做好少数民族医药理论文献的抢救挖掘，整理濒临失传的特色诊疗技术和方法；加强少数民族医药临床研究基地、重点实验室等科技平台建设，加大对少数民族医药新药研发的政策倾斜和扶持；加强少数民族医药资源保护利用，促进民族医药资源可持续发展。

二是，加大对少数民族医药应用发展的扶持力度，主要是采取措施，加强少数民族医药的科学研究，推进少数民族医药服务能力建设，加强国家级少数民族医临床研究基地和少数民族医重点专科、重点学科建设，推进少数民族药标准建设，提高药品质量，指导少数民族医医疗机构规范医疗服务，提高临床疗效。

三是，加大对少数民族医药人才培养的扶持力度，加强少数民族医师队伍建设。目前，我国 9 个少数民族医药开设了高等和中职教育。国家采取措施，进一步鼓励和扶持少数民族医药高等教育，加强少数民族医药重点学科建设，开展少数民族医药专家学术经验继承，培养少数民族医药学科带头人、技术骨干和高层次人才，加大少数民族传承力度，推动少数民族医药学术发展。

四是，加强少数民族医疗机构建设。国家采取措施，支持有条件的民族自治地方举办少数民族医院，鼓励民族地区各类医疗卫生机构设立少数民族医药科，鼓励社会力量举办少数民族医医院和诊所。加强少数民族医疗机构的基础设施建设、改善就医条件，提高少数民族医院的医疗服务能力和医疗水平。

需要说明的是，本条属于针对少数民族医药的专门性规定。少数民族医药作为中医药的重要组成部分，其发展和规范除了适用本条的规定外，还可以适用本法其他条文的规定。

第八章 法律责任

第五十三条 县级以上人民政府中医药主管部门及其他有关部门未履行本法规定的职责的，由本级人民政府或者上级人民政府有关部门责令改正；情节严重的，对直接负责的主管人员和其他直接责任人员，依法给予处分。

条文主旨

本条是关于中医药主管部门及其他有关部门未履行法定职责的法律责任的规定。

立法背景

近年来，行政不作为情况较为突出，法治政府建设实施纲要（2015—2020 年）中明确指出，强化对行政权力的制约和监督，完善纠错问责机制，加大问责力度，坚决纠正行政不作为、乱作为，坚决克服懒政、庸政、怠政，坚决惩处失职、渎职。本条规定县级以上人民政府中医药主管部门及其他有关部门未履行本法规定职责的法律责任，对行政不作为给予惩戒，督促有关部门依法及时履行职责。

条文解读

本法第5条规定，国务院中医药主管部门负责全国的中医药管理工作。国务院其他有关部门在各自职责范围内负责与中医药管理有关的工作。县级以上地方人民政府中医药主管部门负责本行政区域的中医药管理工作。县级以上地方人民政府其他有关部门在各自职责范围内负责与中医药管理有关的工作。县级以上人民政府中医药主管部门及其他有关部门应当按照本法第5条以及其他有关条款规定履行相应的监督管理职责，未履行本法规定的职责的，应当承担相应的法律责任。

县级以上人民政府中医药主管部门及其他有关部门未履行本法规定的职责的，首先应当由本级人民政府或者上级人民政府有关部门责令改正；情节严重的，对直接负责的主管人员和其他直接责任人员，依法给予处分。这里的处分主要是指依据公务员法和《行政机关公务员处分条例》等法律法规的规定对县级以上人民政府中医药主管部门及其他有关部门直接负责的主管人员或者其他直接责任人员给予处分，包括警告、记过、记大过、降级、撤职、开除。公务员受处分的期间为：（1）警告，6个月；（2）记过，12个月；（3）记大过，18个月；（4）降级、撤职，24个月。行政机关公务员在受处分期间不得晋升职务和级别，其中，受记过、记大过、降级、撤职处分的，不得晋升工资档次；受撤职处分的，应当按照规定降低级别。公务员受开除处分的，自处分决定生效之日起，解除其与单位的人事关系，不得再担任公务员职务。行政机关公务员受开除以外的处分，在受处分期间有悔改表现，并且没有再发生违法违纪行为的，处分期满后，应当解除处分。解除处分后，晋升工资档次、级别和职务不再受原处分的影响。但是，解除降级、撤职处分的，不视为恢复原级别、原职务。

相关规定

《中华人民共和国中医药法》第5条；《中华人民共和国公务员法》；《行政机关公务员处分条例》。

第五十四条 **违反本法规定，中医诊所超出备案范围开展医疗活动的，由所在地县级人民政府中医药主管部门责令改正，没收违法所得，并处一万元以上三万元以下罚款；情节严重的，责令停止执业活动。**

中医诊所被责令停止执业活动的，其直接负责的主管人员自处罚决定作出之日起五年内不得在医疗机构内从事管理工作。医疗机构聘用上述不得从事管理工作的人员从事管理工作的，由原发证部门吊销执业许可证或者由原备案部门责令停止执业活动。

条文主旨

本条是关于违反本法规定，中医诊所超出备案范围开展医疗活动的法律责任的规定。

立法背景

在中医药立法过程中，考虑到中医诊所主要是医师坐堂望闻问切，服务简便，根据国务院行政审批制度改革的精神，按照简政放权、放管结合、优化服务的要求，本法对中医诊所准入制度进行改革完善，将中医诊所由许可管理改为备案管理。这对于进一步促进中医药服务的可及性，提升基层中医药服务能力，壮大基层中医药服务队伍，方便人民群众就医具有重要的意义，但同时也可能会存在中医诊所超出诊疗范围执业的问题，为加强对中医诊所的管理，降低许可改为备案后可能带来的医疗安全风险，本法明确规定，举办中医诊所的，应当将诊疗范围等信息报所在县级以上人民政府中医药主管部门备案，不得超出备案范围开展医疗活动，并在本条明确规定了超出备案范围开展医疗活动的中医诊所的法律责任。

条文解读

本条第 1 款对超出备案范围开展医疗活动的中医诊所规定了法律责任。根据本法第 14 条第 2 款的规定，举办中医诊所的，将诊所的名称、地址、诊疗范围、人员配备情况等报所在地县级人民政府中医药主管部门备案后即可开展执业活动。中医诊所应当将本诊所的诊疗范围、中医医师的姓名及其执业范围在诊所的明显位置公示，不得超出备案范围开展医疗活动。对违法本法规定，超出备案范围，即超出备案的诊疗范围开展医疗活动的中医诊所，由所在地县级人民政府中医药主管部门责令改正，没收违法所得，并处一万元以上三万元以下罚款；情节严重的，责令停止执业活动。

根据本条第 2 款的规定，中医诊所被责令停止执业活动的，其直接负责的主管人员自处罚决定作出之日起五年内不得在医疗机构内从事管理工作，不仅不能在本诊所，也不能在其他医疗机构内从事管理工作。规定中医诊所主管人员的法律责任，有利于增强主管人员的责任意识，加强对所在中医诊所的管理，监督诊所在备案范围内执业。同时，该款还规定，如有医疗机构聘用上述不得从事管理工作的人员从事医疗机构管理工作的，由该医疗机构的原发证部门吊销执业许可证或者由原备案部门责令停止执业活动。这里的原发证部门针对的是那些实行审批管理的医疗机构，原发证部门就是发给该医疗机构执业许可证的卫生行政部门，原备案部门针对的是实行备案管理的中医诊所，原备案部门就是接受该诊所备案的所在地县级人民政府中医药主管部门。

相关规定

《中华人民共和国中医药法》第 14 条。

第五十五条 违反本法规定，经考核取得医师资格的中医医师超出注册的执业范围从事医疗活动的，由县级以上人民政府中医药主管部门责令暂停六个月以上一年以下执业活动，并处一万元以上三万元以下罚款；情节严重的，吊销执业证书。

条文主旨

本条是关于经考核取得医师资格的中医医师超出注册执业范围从事医疗活动的法律责任的规定。

立法背景

医师执业资格考试制度和执业注册制度，对于确保医师质量，保障人民生命健康至关重要，是医疗质量管理的关键环节。执业医师应该在注册的执业范围内从事医疗活动，如果超出注册的执业范围行医的，应当承担法律责任。

条文解读

本法 15 条规定，以师承方式学习中医或者经多年实践，医术确有专长的人员，由至少两名中医医师推荐，经省、自治区、直辖市人民政府中医药主管部门组织实践技能和效果考核合格后，即可取得中医医师资格；按照考核内容进行执业注册后，即可在注册的执业范围内，以个人开业的方式或者在医疗机构内从事中医医疗活动。如果违反上述规定，经考核取得医师资格的中医医师超出注册的执业范围从事医疗活动的，本条规定了法律责任，即由县级以上人民政府中医药主管部门责令暂停六个月以上一年以下执业活动，并处一万元以上三万元以下罚款；情节严重的，吊销执业证书。

需要说明的是：第一，本条规定主要是维护中医医师执业秩序，只要中医医师超出注册的执业范围从事医疗活动，不管其有无造成具体的危害后果，都应当追究责任。在具体执法活动中，责令暂停执业活动的具体期限可以由作出处罚决定的中医药主管部门根据当事人违法情节、产生的影响等视情决定，但不得超出本条规定的六个月至一年的幅度范围。这里的罚款属于并处，既要暂停执业活动，又要处以罚款。情节严重的，吊销执业证书。依照执业医师法的规定，受吊销医师执业证书行政处罚的，其所在的医疗、预防、保健机构应当在三十日内报告准予注册的卫生行政部门，卫生行政部门应当注销注册，收回医师执业证书。第二，对于通过参加医师资格考试取得中医医师资格的人员超出注册的执业范围执业的，不适用本条的规定追究法律责任，要使用执业医师法的规定进行处罚。执业医师法第 37 条规定，医师在执业活动中，违反卫生行政规章制度或者技术操作规范，造成严重后果的，由县级以上人民政府卫生行政部门给予警告或者责令暂停六个月以上一年以下执业活动；情节严重的，吊销其执业证书；构成犯罪的，依法追究刑事责任。

相关规定

《中华人民共和国中医药法》第15条；《中华人民共和国执业医师法》第21条、第23条、第37条。

第五十六条 违反本法规定，举办中医诊所、炮制中药饮片、委托配制中药制剂应当备案而未备案，或者备案时提供虚假材料的，由中医药主管部门和药品监督管理部门按照各自职责分工责令改正，没收违法所得，并处三万元以下罚款，向社会公告相关信息；拒不改正的，责令停止执业活动或者责令停止炮制中药饮片、委托配制中药制剂活动，其直接责任人员五年内不得从事中医药相关活动。

医疗机构应用传统工艺配制中药制剂未依照本法规定备案，或者未按照备案材料载明的要求配制中药制剂的，按生产假药给予处罚。

条文主旨

本条是关于违反本法有关备案规定应当承担的法律责任的规定。

立法背景

依照本法的规定，国家对举办中医诊所、炮制中药饮片、委托配制中药制剂实施备案管理。违反上述备案管理制度，应当备案而未备案或者备案时提供虚假材料的，应当承担法律责任。

条文解读

本法第14条第2款规定，举办中医诊所的，将诊所的名称、地址、诊疗范围、人员配备情况等报所在地县级人民政府中医药主管部门备案后即可开展执业活动。本法第28条第1款规定，对市场上没有供应的中药饮片，医疗机构可以根据本医疗机构医师处方的需要，在本医疗机构内炮制、使用。医疗机构应当遵守中药饮片炮制的有关规定，对其炮制的中药饮片的质量负责，保证药品安全。医疗机构炮制中药饮片，应当向所在地设区的市级人民政府药品监督管理部门备案。本法第31条第2款规定，医疗机构配制中药制剂，应当依照《中华人民共和国药品管理法》的规定取得医疗机构制剂许可证，或者委托取得药品生产许可证的药品生产企业、取得医疗机构制剂许可证的其他医疗机构配制中药制剂。委托配制中药制剂，应当向委托方所在地省、自治区、直辖市人民政府药品监督管理部门备案。

举办中医诊所、炮制中药饮片、委托配制中药制剂，应当严格依照上述规定进行。如果没有遵守上述规定，应该备案而未备案，或者备案时提供虚假材料的，本条明确了以下法律责任：由中医药主管部门和药品监督管理部门按照各自职责分工责令改正，没收违法所得，并处三万元以下罚款，向社会公告相关信息。如果当事人拒不改正，由中医药主管部门和药品监督管理部门依法责令停止执业活动或者责令停止炮制中药饮片、委托配制中药制剂活动，其直接责任人员五年内不得从事中医药相关活动。需要说明的是，本条规定的执法主体为中医药主管部门和药品监督管理部门，按照职责分工，中医药主管部门负责对举办中医诊所备案制度的违法行为进行处罚；药品监督管理部门负责对其他两项的违法行为进行处罚。

本法第 32 条第 1 款规定："医疗机构配制的中药制剂品种，应当依法取得制剂批准文号。但是，仅应用传统工艺配制的中药制剂品种，向医疗机构所在地省、自治区、直辖市人民政府药品监督管理部门备案后即可配制，不需要取得制剂批准文号。"如果医疗机构违反上述规定，应用传统工艺配制中药制剂未依照本法规定备案，或者未按照备案材料载明的要求配制中药制剂的，按生产假药给予处罚。药品管理法对生产假药的处罚作了规定。药品管理法第 73 条规定，生产、销售假药的，没收违法生产、销售的药品和违法所得，并处违法生产、销售药品货值金额二倍以上五倍以下的罚款；有药品批准证明文件的予以撤销，并责令停产、停业整顿；构成犯罪的，依法追究刑事责任。第 75 条规定，从事生产、销售假药及生产、销售劣药情节严重的企业或者其他单位，其直接负责的主管人员和其他直接责任人员十年内不得从事药品生产、经营活动。对生产者专门用于生产假药、劣药的原辅材料、包装材料、生产设备，予以没收。

相关规定

《中华人民共和国中医药法》第14条、第28条、第31条、第32条；《中华人民共和国药品管理法》第73条、第75条。

第五十七条　违反本法规定，发布的中医医疗广告内容与经审查批准的内容不相符的，由原审查部门撤销该广告的审查批准文件，一年内不受理该医疗机构的广告审查申请。

违反本法规定，发布中医医疗广告有前款规定以外违法行为的，依照《中华人民共和国广告法》的规定给予处罚。

条文主旨

本条是关于违法发布中医医疗广告的法律责任的规定。

立法背景

医疗广告关系人民群众生命健康，应当从严管理。广告法第46条规定，发布医疗、药品、医疗器械、农药、兽药和保健食品广告，以及法律、行政法规规定应当进行审查的其他广告，应当在发布前由广告审查机关对广告内容进行审查；未经审查，不得发布。在此基础上，本法对中医医疗广告管理及违法发布中医医疗广告的行为规定了法律责任。

条文解读

本法第 19 条规定，医疗机构发布中医医疗广告，应当经所在地省、自治区、直辖市人民政府中医药主管部门审查批准；未经审查批准，不得发布。根据这一规定，申请发布中医医疗广告审查，应当依照法律、行政法规向广告审查机关提交有关证明文件。广告审查机关应当依照法律、行政法规规定作出审查决定，并应当将审查批准文件抄送同级工商行政管理部门。广告审查机关应当及时向社会公布批准的广告。任何单位或者个人不得伪造、变造或者转让广告审查批准文件。中医医疗广告经中医药主管部门审查批准后，其发布的内容应当与经审查批准的内容一致，否则原审查部门撤销该广告的审查批准文件，一年内不受理该医疗机构的广告审查申请。

与此同时，中医医疗广告作为广告的一种具体形式，除了遵守本法有关广告审批的规定外，还应当遵守广告法的相关规定。对于发布中医医疗广告有本条第 1 款规定以外违法行为的，要依照广告法的规定给予处罚。如广告法规定，医疗、药品、医疗器械广告不得含有下列内容：（1）表示功效、安全性的断言或者保证；（2）说明治愈率或者有效率；（3）与其他药品、医疗器械的功效和安全性或者其他医疗机构比较；（4）利用广告代言人作推荐、证明；（5）法律、行政法规规定禁止的其他内容。如果违反上述规定，由工商行政管理部门责令停止发布广告，责令广告主在相应范围内消除影响，处广告费用一倍以上三倍以下的罚款，广告费用无法计算或者明显偏低的，处十万元以上二十万元以下的罚款；情节严重的，处广告费用三倍以上五倍以下的罚款，广告费用无法计算或者明显偏低的，处二十万元以上一百万元以下的罚款，可以吊销营业执照，并由广告审查机关撤销广告审查批准文件、一年内不受理其广告审查申请。

相关规定

《中华人民共和国广告法》第16条、第58条。

第五十八条　违反本法规定，在中药材种植过程中使用剧毒、高毒农药的，依照有关法律、法规规定给予处罚；情节严重的，可以由公安机关对其直接负责的主管人员和其他直接责任人员处五日以上十五日以下拘留。

条文主旨

本条是关于在中药材种植过程中使用剧毒、高毒农药行为的法律责任。

立法背景

在法律制定过程中，有的意见提出，中药材质量的好坏直接关系到中医的疗效，关系到中医药的发展，应当加强对中药材种植养殖环节的监督管理，禁止在中药材种植过程中使用剧毒、高毒农药，确保中药材质量安全。同时，对违反这一要求的行为应当规定相应法律责任。因此，本法第 22 条规定，禁止在中药材种植过程中使用剧毒、高毒农药，本条对违反这一规定，在中药材种植过程中使用剧毒、高毒农药的行为规定了法律责任。

条文解读

本条规定的违法行为是在中药材种植过程中使用剧毒、高毒农药的行为。在中药材种植过程中使用剧毒、高毒农药的，可能导致中药材农药残留超标，影响中药材质量，甚至危害病人的身体健康。因此，本法第 22 条规定，国家鼓励发展中药材规范化种植养殖，严格管理农药、肥料等农业投入品的使用，禁止在中药材种植过程中使用剧毒、高毒农药，支持中药材良种繁育，提高中药材质量。

本条规定的法律后果有两层含义，一是一般情况下，依照有关法律、法规的规定给予处罚。“有关法律、法规”主要包括农产品质量安全法和《农药管理条例》。这些法律、法规对农药的使用提出了要求，并对违反要求的行为规定了相应的法律责任。

农产品质量安全法对包括中药材在内的农产品生产过程中安全使用农药等农业投入品作了规定。第22条规定，要求县级以上人民政府农业行政主管部门应当加强对农业投入品使用的管理和指导，建立健全农业投入品的安全使用制度。第25条规定，农产品生产者应当按照法律、行政法规和国务院农业行政主管部门的规定，合理使用农业投入品，严格执行农业投入品使用安全间隔期或者休药期的规定，防止危及农产品质量安全。禁止在农产品生产过程中使用国家明令禁止使用的农业投入品。第46条规定，使用农业投入品违反法律、行政法规和国务院农业行政主管部门的规定的，依照有关法律、行政法规的规定处罚。

《农药管理条例》对农药的使用作了明确规定。第27条规定，使用农药应当遵守国家有关农药安全、合理使用的规定，按照规定的用药量、用药次数、用药方法和安全间隔期施药，防止污染农副产品。剧毒、高毒农药不得用于防治卫生害虫，不得用于蔬菜、瓜果、茶叶和中草药材。第40条规定，不按照国家有关农药安全使用的规定使用农药的，由农业行政主管部门根据所造成的危害后果，给予警告，可以并处3万元以下的罚款。

根据本法、农产品质量安全法和《农药管理条例》的规定，在中药材种植过程中使用剧毒、高毒农药情节不严重的，由农业行政主管部门根据所造成的危害后果，给予警告，可以并处3万元以下的罚款。

另一层含义是情节严重的，除给予警告、罚款外，还可以由公安机关对其直接负责的主管人员和其他直接责任人员处五日以上十五日以下拘留。这里的“拘留”是行政拘留。需要注意的是，本条规定的违法主体既可以是单位，也可以是个人。对于单位，拘留的对象是直接负责的主管人员和其他直接责任人员；对于个人，如农民，属于“其他直接责任人员”的范畴，也可以适用拘留。

相关规定

《中华人民共和国中医药法》第 22 条；《中华人民共和国农产品质量安全法》第 22 条、第 25 条、第 46 条；《农药管理条例》第 27 条、第 40 条。

第五十九条　违反本法规定，造成人身、财产损害的，依法承担民事责任；构成犯罪的，依法追究刑事责任。

条文主旨

本条是关于违反本法规定的民事责任和刑事责任的规定。

立法背景

法律责任包括行政法律责任、民事法律责任和刑事法律责任。本法第 53 条至 58 条对行政法律责任作了规定。

由于本法调整的主要是中医药管理部门和行政相对人之间的关系，在法律部门划分上属于行政法，因此本法重点对行政法律责任作了规定，对于民事责任和刑事责任，本条作了衔接性规定。

条文解读

中医医疗机构、中医医师及其他中医药专业人员，中药生产经营企业等在从事医药活动中给患者或者其他人员造成损害的，要承担民事法律责任，包括赔偿损失、赔礼道歉等。造成他人人身损害的，应当赔偿医疗费、护理费、交通费等为治疗和康复支出的合理费用，以及因误工减少的收入。造成残疾的，还应当赔偿残疾生活辅助具费和残疾赔偿金。造成死亡的，还应当赔偿丧葬费和死亡赔偿金。侵害他人财产的，财产损失按照损失发生时的市场价格或者其他方式计算。侵害他人人身权益造成财产损失的，按照被侵权人因此受到的损失赔偿；被侵权人的损失难以确定，侵权人因此获得利益的，按照其获得的利益赔偿；侵权人因此获得的利益难以确定，被侵权人和侵权人就赔偿数额协商不一致，向人民法院提起诉讼的，由人民法院根据实际情况确定赔偿数额。侵权行为危及他人人身、财产安全的，被侵权人可以请求侵权人承担停止侵害、排除妨碍、消除危险等侵权责任。

我国刑法对犯罪和刑罚作了规定。违反本法规定的犯罪主要有医疗事故罪、非法行医罪、生产销售假药罪等。

刑法第335条规定，医务人员由于严重不负责任，造成就诊人死亡或者严重损害就诊人身体健康的，处三年以下有期徒刑或者拘役。第336条规定，未取得医生执业资格的人非法行医，情节严重的，处三年以下有期徒刑、拘役或者管制，并处或者单处罚金；严重损害就诊人身体健康的，处三年以上十年以下有期徒刑，并处罚金；造成就诊人死亡的，处十年以上有期徒刑，并处罚金。第141条规定，生产、销售假药，足以严重危害人体健康的，处三年以下有期徒刑或者拘役，并处或者单处销售金额百分之五十以上二倍以下罚金；对人体健康造成严重危害的，处三年以上十年以下有期徒刑，并处销售金额百分之五十以上二倍以下罚金；致人死亡或者对人体健康造成特别严重危害的，处十年以上有期徒刑、无期徒刑或者死刑，并处销售金额百分之五十以上二倍以下罚金或者没收财产。第142条规定，生产、销售劣药，对人体健康造成严重危害的，处三年以上十年以下有期徒刑，并处销售金额百分之五十以上二倍以下罚金；后果特别严重的，处十年以上有期徒刑或者无期徒刑，并处销售金额百分之五十以上二倍以下罚金或者没收财产。

另外，刑法修正案七第7条还规定了出售、非法提供公民个人信息罪、非法获取公民个人信息罪，即国家机关或者金融、电信、交通、教育、医疗等单位的工作人员，违反国家规定，将本单位在履行职责或者提供服务过程中获得的公民个人信息，出售或者非法提供给他人，情节严重的，处三年以下有期徒刑或者拘役，并处或者单处罚金。犯罪主体为单位的，对单位判处罚金，并对其直接负责的主管人员和其他直接责任人员，依照相关规定处罚。国家工作人员有违法行为，触犯刑法的，还会构成贪污贿赂、渎职罪等。

相关规定

《中华人民共和国刑法》第 141 条、第 142 条、第 335 条、第 336 条。

第九章　附　　则

第六十条　中医药的管理，本法未作规定的，适用《中华人民共和国执业医师法》、《中华人民共和国药品管理法》等相关法律、行政法规的规定。

军队的中医药管理，由军队卫生主管部门依照本法和军队有关规定组织实施。

条文主旨

本条是关于中医药管理法律适用问题的衔接性规定。

条文解读

中医药法是我国第一部全面综合规范中医药服务、中药保护与发展的专门法，应当注意处理好与作为执业医师管理、药品管理、医疗机构管理一般法的执业医师法、药品管理法、《医疗机构管理条例》等的衔接关系。因此，本条第一款明确，中医药的管理，本法未作规定的，适用执业医师法、药品管理法等相关法律、行政法规的规定。包含以下两层含义：

一方面，执业医师法、药品管理法等法律、行政法规确立的一般性管理制度，中医药法可以不用重复规定，但并不影响其适用于中医药管理。如医师资格考试、医师的权利和义务、医师执业注册制度、从事中药生产经营的基本管理要求，以及非法行医、生产销售假药劣药等违法的法律责任等。

另一方面，即使是执业医师法、药品管理法有规定的，中医药法如果有不同规定，应当适用作为特别法的中医药法的规定。例如医师资格取得方面：依据执业医师法的规定，以师承方式学习传统医学满三年或者经多年实践医术确有专长的，经县级以上人民政府卫生行政部门确定的传统医学专业组织或者医疗、预防、保健机构考核合格并推荐，可以参加执业医师资格或者执业助理医师资格考试。考试的内容和办法由国务院卫生行政部门另行制定。但依据本法规定，以师承方式学习中医或者经多年实践，医术确有专长的人员，由至少两名中医医师推荐，经省、自治区、直辖市人民政府中医药主管部门组织实践技能和效果考核合格后，即可取得中医医师资格，也就突破了执业医师法的规定，不用参加执业医师资格或者执业助理医师资格考试。又如医疗机构配制制剂方面：依据药品管理法等的规定，医疗机构配制的所有中药制剂品种，应当依法取得制剂批准文号。本法对此作了突破，规定仅应用传统工艺配制的中药制剂品种，向医疗机构所在地省、自治区、直辖市人民政府药品监督管理部门备案后即可配制，不需要取得制剂批准文号。

此外，考虑到军队的中医药管理具有特殊性，因此本条第2款明确，军队的中医药管理，由军队卫生主管部门依照本法和军队有关规定组织实施。

相关规定

《中华人民共和国执业医师法》；《中华人民共和国药品管理法》；《医疗机构管理条例》。

第六十一条　民族自治地方可以根据《中华人民共和国民族区域自治法》和本法的有关规定，结合实际，制定促进和规范本地方少数民族医药事业发展的办法。

条文主旨

本条是关于民族自治地方制定少数民族医药事业发展办法的规定。

立法背景

依据宪法和民族区域自治法的规定，民族区域自治是指在国家统一领导下，各少数民族聚居的地方实行区域自治，设立自治机关，行使自治权。民族区域自治是中国共产党运用马克思列宁主义解决我国民族问题的基本政策，是国家的一项基本政治制度。实行民族区域自治，体现了国家充分尊重和保障各少数民族管理本民族内部事务权利的精神，体现了国家坚持实行各民族平等、团结和共同繁荣的原则。实行民族区域自治，对发挥各族人民当家作主的积极性，发展平等、团结、互助的社会主义民族关系，巩固国家的统一，促进民族自治地方和全国社会主义建设事业的发展，都起了巨大的作用。

条文解读

依据民族区域自治法的规定，民族自治地方包括自治区、自治州和自治县。民族自治地方的人民代表大会有权依照当地民族的政治、经济和文化的特点，制定自治条例和单行条例。自治区的自治条例和单行条例，报全国人民代表大会常务委员会批准后生效。自治州、自治县的自治条例和单行条例报省、自治区、直辖市的人民代表大会常务委员会批准后生效，并报全国人民代表大会常务委员会和国务院备案。立法法又进一步明确，自治条例和单行条例可以依照当地民族的特点，对法律和行政法规的规定作出变通规定，但不得违背法律或者行政法规的基本原则，不得对宪法和民族区域自治法的规定以及其他有关法律、行政法规专门就民族自治地方所作的规定作出变通规定。

民族自治地方可以根据民族区域自治法和本法的有关规定，结合实际，制定促进和规范本地方少数民族医药事业发展的办法。近年来，我国已有一些地方对少数民族医药等进行了专门立法。目前，省一级地方性法规主要有三部：一是2002年3月29日颁布、6月1日起施行的《青海省发展中医藏医蒙医条例》；二是2010年7月30日通过的《内蒙古自治区蒙医药中医药条例》，取代了2001年2月12日通过的《内蒙古自治区蒙医中医条例》；三是2008年11月28日通过、自2009年3月1日起施行的《广西壮族自治区发展中医药壮医药条例》。除了省一级立法以外，还有一些自治州、自治县制定了本地方少数民族医药管理条例。最早是制定于1995年5月的《玉树藏族自治州藏医药管理条例》（1995年9月青海省人大常委会批准），随后是制定于2001年4月的《甘肃省甘南藏族自治州发展藏医药条例》（2001年9月甘肃省人大常委会批准）等藏医药方面的立法。蒙医方面的自治条例主要集中于东北三省，如制定于2005年1月的《阜新蒙古族自治县蒙医药管理条例》（2005年5月辽宁省人大常委会批准），制定于2009年2月的《杜尔伯特蒙古族自治县发展蒙医药管理条例》（2009年6月黑龙江省人大常委会批准），制定于2012年11月的《前郭尔罗斯蒙古族自治县蒙医药管理条例》（2013年3月吉林省人大常委会批准）。今后，民族自治地方也可以根据民族区域自治法和本法的有关规定，结合实际，依照当地民族的特点，制定促进和规范本地方少数民族医药事业发展的具体办法。

相关规定

《中华人民共和国民族区域自治法》。

第六十二条　盲人按照国家有关规定取得盲人医疗按摩人员资格的，可以以个人开业的方式或者在医疗机构内提供医疗按摩服务。

条文主旨

本条是关于盲人医疗按摩人员的规定。

立法背景

由于盲人在听觉、触觉等感官上特别灵敏，从事医疗按摩行业具有较大优势。2009 年，为解决盲人医疗按摩人员职业资格问题，保障盲人医疗按摩人员的合法权益，规范盲人医疗按摩活动，（原）卫生部、人力资源社会保障部、国家中医药管理局、中国残疾人联合会共同制定了《盲人医疗按摩管理办法》（卫医政发〔2009〕37 号），明确界定“盲人医疗按摩”，是指由盲人从事的有一定治疗疾病目的的按摩活动，并明确规定：盲人医疗按摩属于医疗行为，应当在医疗机构中开展；盲人医疗按摩人员属于卫生技术人员，应当具备良好的职业道德和执业水平，其依法履行职责，受法律保护；盲人医疗按摩人员考试由中国残疾人联合会负责组织，并制定考试办法，具体实施由中国盲人按摩指导中心负责。我国每年有近千名中医推拿、医疗按摩专业的盲人大中专毕业生。目前全国已有 8000 多名盲人取得了“盲人医疗按摩人员从事医疗按摩资格证书”，但是因为缺乏明确的法律根据规定，盲人医疗按摩人员从业仍然面临诸多困难。因此，在立法过程中，中国残疾人联合会和有的常委委员、社会公众提出，应当在中医药法中对盲人医疗按摩人员从业问题予以明确。

条文解读

中医药法附则中专门对盲人医疗按摩问题作了规定，明确盲人按照国家有关规定取得盲人医疗按摩人员资格的，可以以个人开业的方式或者在医疗机构内提供医疗按摩服务。这里的“国家有关规定”目前指的就是《盲人医疗按摩管理办法》。

依据《盲人医疗按摩管理办法》的规定，通过盲人医疗按摩人员考试的盲人，取得考试合格证明，同时取得盲人医疗按摩人员初级专业技术职务任职资格。符合下列条件的，盲人医疗按摩人员可以申请开办盲人医疗按摩所：(1) 开办人应当为盲人医疗按摩人员；(2) 至少有一名从事盲人医疗按摩活动五年以上的盲人医疗按摩人员；(3) 至少有 1 张按摩床及相应的按摩所需用品，建筑面积不少于四十平方米；(4) 有必要的消毒设备；(5) 有相应的规章制度，装订成册的国家制定或者认可的盲人医疗按摩技术操作规程；(6) 能够独立承担法律责任；(7) 有设区的市级残疾人联合会出具的同意开办盲人医疗按摩所的证明文件。盲人医疗按摩所由县级卫生行政部门审批，符合条件的发给《医疗机构执业许可证》，登记名称为识别名称 + 盲人医疗按摩所，诊疗科目为推拿科（盲人医疗按摩）。盲人医疗按摩所不登记推拿科（盲人医疗按摩）以外的诊疗科目，不设床位，不设药房（柜）。盲人医疗按摩所执业许可证的有效期为五年。盲人医疗按摩人员应当如实向患者或者其家属介绍医疗按摩方案，但应注意避免对患者产生不利后果。盲人医疗按摩人员不得开展推拿（盲人医疗按摩）以外的医疗、预防、保健活动，不得开具药品处方，不得出具医学诊断证明，不得签署与盲人医疗按摩无关的医学证明文件，不得隐匿、伪造或者擅自销毁医学文书及有关资料。盲人医疗按摩所应当按照规定的执业地点和诊疗科目执业，不得开展盲人医疗按摩以外的医疗、预防、保健活动。非盲人不得在盲人医疗按摩所从事医疗、预防、保健活动。

相关规定

《盲人医疗按摩管理办法》第2条、第4条、第6条。

第六十三条　本法自2017年7月1日起施行。

条文主旨

本条是关于法律施行日期的规定。

条文解读

法律施行日期是任何一部法律都要涉及的问题。关于法律施行日期的规定，一般有以下几种情况：

一是在法律条文中规定“本法自×年×月×日起施行”，直接规定具体的施行日期。

二是在法律条文中没有直接规定具体的施行日期，而是规定“本法自公布之日起施行”，但法律何时公布，根据我国宪法关于法律由国家主席公布的规定，由国家主席发布主席令来确定。目前，国家主席一般都是于全国人大或者全国人大常委会通过法律的当天发布命令公布法律。

三是规定一个法律的施行日期取决于另一个法律的制定和实施时间，如1986年12月2日第六届全国人大常委会第十八次会议通过的企业破产法（试行）第43条规定：“本法自全民所有制工业企业法实施满3个月之日起施行。”当时，全民所有制企业法尚未制定出来，因此《中华人民共和国企业破产法（试行）》施行的时间是《中华人民共和国全民所有制工业企业法》1988年8月1日实施后满3个月，即1988年11月1日起施行。

本法采取了第一种方式，即在法律中明确规定本法的施行日期。本条明确规定本法自2017年7月1日起施行，自颁布至施行间隔了半年的时间，这主要是为了使各有关方面利用这段时间做好本法实施的准备工作，特别是本法规定的一些制度、措施，需要一些配套规定进行具体化，例如中医诊所备案管理的具体办法等，有关部门应当抓紧时间制定出台相关配套规定。修改后的立法法规定，法律规定明确要求有关国家机关对专门事项作出配套的具体规定的，有关国家机关应当自法律施行之日起一年内作出规定。有关国家机关未能在期限内作出配套的具体规定的，应当向全国人民代表大会常务委员会说明情况。同时，有关部门应当做好本法的宣传培训工作，为本法的实施创造良好的氛围和条件。

附录

一、法律原文、立法背景资料

中华人民共和国中医药法

（2016年12月25日第十二届全国人民代表大会常务委员会第二十五次会议通过　2016年12月25日中华人民共和国主席令第五十九号公布　自2017年7月1日起施行）

目　　录

第一章　总　　则

第一条　为了继承和弘扬中医药，保障和促进中医药事业发展，保护人民健康，制定本法。

第二条 本法所称中医药，是包括汉族和少数民族医药在内的我国各民族医药的统称，是反映中华民族对生命、健康和疾病的认识，具有悠久历史传统和独特理论及技术方法的医药学体系。

第三条 中医药事业是我国医药卫生事业的重要组成部分。国家大力发展中医药事业，实行中西医并重的方针，建立符合中医药特点的管理制度，充分发挥中医药在我国医药卫生事业中的作用。

发展中医药事业应当遵循中医药发展规律，坚持继承和创新相结合，保持和发挥中医药特色和优势，运用现代科学技术，促进中医药理论和实践的发展。

国家鼓励中医西医相互学习，相互补充，协调发展，发挥各自优势，促进中西医结合。

第四条 县级以上人民政府应当将中医药事业纳入国民经济和社会发展规划，建立健全中医药管理体系，统筹推进中医药事业发展。

第五条 国务院中医药主管部门负责全国的中医药管理工作。国务院其他有关部门在各自职责范围内负责与中医药管理有关的工作。

县级以上地方人民政府中医药主管部门负责本行政区域的中医药管理工作。县级以上地方人民政府其他有关部门在各自职责范围内负责与中医药管理有关的工作。

第六条 国家加强中医药服务体系建设，合理规划和配置中医药服务资源，为公民获得中医药服务提供保障。

国家支持社会力量投资中医药事业，支持组织和个人捐赠、资助中医药事业。

第七条 国家发展中医药教育，建立适应中医药事业发展需要、规模适宜、结构合理、形式多样的中医药教育体系，培养中医药人才。

第八条 国家支持中医药科学研究和技术开发，鼓励中医药科学技术创新，推广应用中医药科学技术成果，保护中医药知识产权，提高中医药科学技术水平。

第九条 国家支持中医药对外交流与合作，促进中医药的国际传播和应用。

第十条 对在中医药事业中做出突出贡献的组织和个人，按照国家有关规定给予表彰、奖励。

第二章 中医药服务

第十一条 县级以上人民政府应当将中医医疗机构建设纳入医疗机构设置规划，举办规模适宜的中医医疗机构，扶持有中医药特色和优势的医疗机构发展。

合并、撤销政府举办的中医医疗机构或者改变其中医医疗性质，应当征求上一级人民政府中医药主管部门的意见。

第十二条 政府举办的综合医院、妇幼保健机构和有条件的专科医院、社区卫生服务中心、乡镇卫生院，应当设置中医药科室。

县级以上人民政府应当采取措施，增强社区卫生服务站和村卫生室提供中医药服务的能力。

第十三条 国家支持社会力量举办中医医疗机构。

社会力量举办的中医医疗机构在准入、执业、基本医疗保险、科研教学、医务人员职称评定等方面享有与政府举办的中医医疗机构同等的权利。

第十四条 举办中医医疗机构应当按照国家有关医疗机构管理的规定办理审批手续，并遵守医疗机构管理的有关规定。

举办中医诊所的，将诊所的名称、地址、诊疗范围、人员配备情况等报所在地县级人民政府中医药主管部门备案后即可开展执业活动。中医诊所应当将本诊所的诊疗范围、中医医师的姓名及其执业范围在诊所的明显位置公示，不得超出备案范围开展医疗活动。具体办法由国务院中医药主管部门拟订，报国务院卫生行政部门审核、发布。

第十五条 从事中医医疗活动的人员应当依照《中华人民共和国执业医师法》的规定，通过中医医师资格考试取得中医医师资格，并进行执业注册。中医医师资格考试的内容应当体现中医药特点。

以师承方式学习中医或者经多年实践，医术确有专长的人员，由至少两名中医医师推荐，经省、自治区、直辖市人民政府中医药主管部门组织实践技能和效果考核合格后，即可取得中医医师资格；按照考核内容进行执业注册后，即可在注册的执业范围内，以个人开业的方式或者在医疗机构内从事中医医疗活动。国务院中医药主管部门应当根据中医药技术方法的安全风险拟订本款规定人员的分类考核办法，报国务院卫生行政部门审核、发布。

第十六条 中医医疗机构配备医务人员应当以中医药专业技术人员为主，主要提供中医药服务；经考试取得医师资格的中医医师按照国家有关规定，经培训、考核合格后，可以在执业活动中采用与其专业相关的现代科学技术方法。在医疗活动中采用现代科学技术方法的，应当有利于保持和发挥中医药特色和优势。

社区卫生服务中心、乡镇卫生院、社区卫生服务站以及有条件的村卫生室应当合理配备中医药专业技术人员，并运用和推广适宜的中医药技术方法。

第十七条 开展中医药服务，应当以中医药理论为指导，运用中医药技术方法，并符合国务院中医药主管部门制定的中医药服务基本要求。

第十八条 县级以上人民政府应当发展中医药预防、保健服务，并按照国家有关规定将其纳入基本公共卫生服务项目统筹实施。

县级以上人民政府应当发挥中医药在突发公共卫生事件应急工作中的作用，加强中医药应急物资、设备、设施、技术与人才资源储备。

医疗卫生机构应当在疾病预防与控制中积极运用中医药理论和技术方法。

第十九条 医疗机构发布中医医疗广告，应当经所在地省、自治区、直辖市人民政府中医药主管部门审查批准；未经审查批准，不得发布。发布的中医医疗广告内容应当与经审查批准的内容相符合，并符合《中华人民共和国广告法》的有关规定。

第二十条 县级以上人民政府中医药主管部门应当加强对中医药服务的监督检查，并将下列事项作为监督检查的重点：

（一）中医医疗机构、中医医师是否超出规定的范围开展医疗活动；

（二）开展中医药服务是否符合国务院中医药主管部门制定的中医药服务基本要求；

（三）中医医疗广告发布行为是否符合本法的规定。

中医药主管部门依法开展监督检查，有关单位和个人应当予以配合，不得拒绝或者阻挠。

第三章　中药保护与发展

第二十一条　国家制定中药材种植养殖、采集、贮存和初加工的技术规范、标准，加强对中药材生产流通全过程的质量监督管理，保障中药材质量安全。

第二十二条　国家鼓励发展中药材规范化种植养殖，严格管理农药、肥料等农业投入品的使用，禁止在中药材种植过程中使用剧毒、高毒农药，支持中药材良种繁育，提高中药材质量。

第二十三条　国家建立道地中药材评价体系，支持道地中药材品种选育，扶持道地中药材生产基地建设，加强道地中药材生产基地生态环境保护，鼓励采取地理标志产品保护等措施保护道地中药材。

前款所称道地中药材，是指经过中医临床长期应用优选出来的，产在特定地域，与其他地区所产同种中药材相比，品质和疗效更好，且质量稳定，具有较高知名度的中药材。

第二十四条　国务院药品监督管理部门应当组织并加强对中药材质量的监测，定期向社会公布监测结果。国务院有关部门应当协助做好中药材质量监测有关工作。

采集、贮存中药材以及对中药材进行初加工，应当符合国家有关技术规范、标准和管理规定。

国家鼓励发展中药材现代流通体系，提高中药材包装、仓储等技术水平，建立中药材流通追溯体系。药品生产企业购进中药材应当建立进货查验记录制度。中药材经营者应当建立进货查验和购销记录制度，并标明中药材产地。

第二十五条　国家保护药用野生动植物资源，对药用野生动植物资源实行动态监测和定期普查，建立药用野生动植物资源种质基因库，鼓励发展人工种植养殖，支持依法开展珍贵、濒危药用野生动植物的保护、繁育及其相关研究。

第二十六条 在村医疗机构执业的中医医师、具备中药材知识和识别能力的乡村医生，按照国家有关规定可以自种、自采地产中药材并在其执业活动中使用。

第二十七条 国家保护中药饮片传统炮制技术和工艺，支持应用传统工艺炮制中药饮片，鼓励运用现代科学技术开展中药饮片炮制技术研究。

第二十八条 对市场上没有供应的中药饮片，医疗机构可以根据本医疗机构医师处方的需要，在本医疗机构内炮制、使用。医疗机构应当遵守中药饮片炮制的有关规定，对其炮制的中药饮片的质量负责，保证药品安全。医疗机构炮制中药饮片，应当向所在地设区的市级人民政府药品监督管理部门备案。

根据临床用药需要，医疗机构可以凭本医疗机构医师的处方对中药饮片进行再加工。

第二十九条 国家鼓励和支持中药新药的研制和生产。

国家保护传统中药加工技术和工艺，支持传统剂型中成药的生产，鼓励运用现代科学技术研究开发传统中成药。

第三十条 生产符合国家规定条件的来源于古代经典名方的中药复方制剂，在申请药品批准文号时，可以仅提供非临床安全性研究资料。具体管理办法由国务院药品监督管理部门会同中医药主管部门制定。

前款所称古代经典名方，是指至今仍广泛应用、疗效确切、具有明显特色与优势的古代中医典籍所记载的方剂。具体目录由国务院中医药主管部门会同药品监督管理部门制定。

第三十一条 国家鼓励医疗机构根据本医疗机构临床用药需

要配制和使用中药制剂，支持应用传统工艺配制中药制剂，支持以中药制剂为基础研制中药新药。

医疗机构配制中药制剂，应当依照《中华人民共和国药品管理法》的规定取得医疗机构制剂许可证，或者委托取得药品生产许可证的药品生产企业、取得医疗机构制剂许可证的其他医疗机构配制中药制剂。委托配制中药制剂，应当向委托方所在地省、自治区、直辖市人民政府药品监督管理部门备案。

医疗机构对其配制的中药制剂的质量负责；委托配制中药制剂的，委托方和受托方对所配制的中药制剂的质量分别承担相应责任。

第三十二条 医疗机构配制的中药制剂品种，应当依法取得制剂批准文号。但是，仅应用传统工艺配制的中药制剂品种，向医疗机构所在地省、自治区、直辖市人民政府药品监督管理部门备案后即可配制，不需要取得制剂批准文号。

医疗机构应当加强对备案的中药制剂品种的不良反应监测，并按照国家有关规定进行报告。药品监督管理部门应当加强对备案的中药制剂品种配制、使用的监督检查。

第四章 中医药人才培养

第三十三条 中医药教育应当遵循中医药人才成长规律，以中医药内容为主，体现中医药文化特色，注重中医药经典理论和中医药临床实践、现代教育方式和传统教育方式相结合。

第三十四条 国家完善中医药学校教育体系，支持专门实施中医药教育的高等学校、中等职业学校和其他教育机构的发展。

中医药学校教育的培养目标、修业年限、教学形式、教学内容、教学评价及学术水平评价标准等，应当体现中医药学科特色，符合中医药学科发展规律。

第三十五条 国家发展中医药师承教育，支持有丰富临床经验和技术专长的中医医师、中药专业技术人员在执业、业务活动中带徒授业，传授中医药理论和技术方法，培养中医药专业技术人员。

第三十六条 国家加强对中医医师和城乡基层中医药专业技术人员的培养和培训。

国家发展中西医结合教育，培养高层次的中西医结合人才。

第三十七条 县级以上地方人民政府中医药主管部门应当组织开展中医药继续教育，加强对医务人员，特别是城乡基层医务人员中医药基本知识和技能的培训。

中医药专业技术人员应当按照规定参加继续教育，所在机构应当为其接受继续教育创造条件。

第五章　中医药科学研究

第三十八条 国家鼓励科研机构、高等学校、医疗机构和药品生产企业等，运用现代科学技术和传统中医药研究方法，开展中医药科学研究，加强中西医结合研究，促进中医药理论和技术方法的继承和创新。

第三十九条 国家采取措施支持对中医药古籍文献、著名中医药专家的学术思想和诊疗经验以及民间中医药技术方法的整理、研究和利用。

国家鼓励组织和个人捐献有科学研究和临床应用价值的中医药文献、秘方、验方、诊疗方法和技术。

第四十条 国家建立和完善符合中医药特点的科学技术创新体系、评价体系和管理体制，推动中医药科学技术进步与创新。

第四十一条 国家采取措施，加强对中医药基础理论和辨证论治方法，常见病、多发病、慢性病和重大疑难疾病、重大传染病的中医药防治，以及其他对中医药理论和实践发展有重大促进作用的项目的科学研究。

第六章 中医药传承与文化传播

第四十二条 对具有重要学术价值的中医药理论和技术方法，省级以上人民政府中医药主管部门应当组织遴选本行政区域内的中医药学术传承项目和传承人，并为传承活动提供必要的条件。传承人应当开展传承活动，培养后继人才，收集整理并妥善保存相关的学术资料。属于非物质文化遗产代表性项目的，依照《中华人民共和国非物质文化遗产法》的有关规定开展传承活动。

第四十三条 国家建立中医药传统知识保护数据库、保护名录和保护制度。

中医药传统知识持有人对其持有的中医药传统知识享有传承使用的权利，对他人获取、利用其持有的中医药传统知识享有知情同意和利益分享等权利。

国家对经依法认定属于国家秘密的传统中药处方组成和生产工艺实行特殊保护。

第四十四条 国家发展中医养生保健服务，支持社会力量举办规范的中医养生保健机构。中医养生保健服务规范、标准由国务院中医药主管部门制定。

第四十五条 县级以上人民政府应当加强中医药文化宣传，普及中医药知识，鼓励组织和个人创作中医药文化和科普作品。

第四十六条 开展中医药文化宣传和知识普及活动，应当遵守国家有关规定。任何组织或者个人不得对中医药作虚假、夸大宣传，不得冒用中医药名义牟取不正当利益。

广播、电视、报刊、互联网等媒体开展中医药知识宣传，应当聘请中医药专业技术人员进行。

第七章 保障措施

第四十七条 县级以上人民政府应当为中医药事业发展提供政策支持和条件保障，将中医药事业发展经费纳入本级财政预算。

县级以上人民政府及其有关部门制定基本医疗保险支付政策、药物政策等医药卫生政策，应当有中医药主管部门参加，注重发挥中医药的优势，支持提供和利用中医药服务。

第四十八条 县级以上人民政府及其有关部门应当按照法定价格管理权限，合理确定中医医疗服务的收费项目和标准，体现中医医疗服务成本和专业技术价值。

第四十九条 县级以上地方人民政府有关部门应当按照国家规定，将符合条件的中医医疗机构纳入基本医疗保险定点医疗机构范围，将符合条件的中医诊疗项目、中药饮片、中成药和医疗机构中药制剂纳入基本医疗保险基金支付范围。

第五十条 国家加强中医药标准体系建设，根据中医药特点对需要统一的技术要求制定标准并及时修订。

中医药国家标准、行业标准由国务院有关部门依据职责制定或者修订，并在其网站上公布，供公众免费查阅。

国家推动建立中医药国际标准体系。

第五十一条 开展法律、行政法规规定的与中医药有关的评审、评估、鉴定活动，应当成立中医药评审、评估、鉴定的专门组织，或者有中医药专家参加。

第五十二条 国家采取措施，加大对少数民族医药传承创新、应用发展和人才培养的扶持力度，加强少数民族医疗机构和医师队伍建设，促进和规范少数民族医药事业发展。

第八章 法律责任

第五十三条 县级以上人民政府中医药主管部门及其他有关部门未履行本法规定的职责的，由本级人民政府或者上级人民政府有关部门责令改正；情节严重的，对直接负责的主管人员和其他直接责任人员，依法给予处分。

第五十四条 违反本法规定，中医诊所超出备案范围开展医疗活动的，由所在地县级人民政府中医药主管部门责令改正，没收违法所得，并处一万元以上三万元以下罚款；情节严重的，责令停止执业活动。

中医诊所被责令停止执业活动的，其直接负责的主管人员自处罚决定作出之日起五年内不得在医疗机构内从事管理工作。医疗机构聘用上述不得从事管理工作的人员从事管理工作的，由原发证部门吊销执业许可证或者由原备案部门责令停止执业活动。

第五十五条 违反本法规定，经考核取得医师资格的中医医师超出注册的执业范围从事医疗活动的，由县级以上人民政府中医药主管部门责令暂停六个月以上一年以下执业活动，并处一万元以上三万元以下罚款；情节严重的，吊销执业证书。

第五十六条 违反本法规定，举办中医诊所、炮制中药饮片、委托配制中药制剂应当备案而未备案，或者备案时提供虚假材料的，由中医药主管部门和药品监督管理部门按照各自职责分工责令改正，没收违法所得，并处三万元以下罚款，向社会公告相关信息；拒不改正的，责令停止执业活动或者责令停止炮制中药饮片、委托配制中药制剂活动，其直接责任人员五年内不得从事中医药相关活动。

医疗机构应用传统工艺配制中药制剂未依照本法规定备案，或者未按照备案材料载明的要求配制中药制剂的，按生产假药给予处罚。

第五十七条 违反本法规定，发布的中医医疗广告内容与经审查批准的内容不相符的，由原审查部门撤销该广告的审查批准文件，一年内不受理该医疗机构的广告审查申请。

违反本法规定，发布中医医疗广告有前款规定以外违法行为的，依照《中华人民共和国广告法》的规定给予处罚。

第五十八条 违反本法规定，在中药材种植过程中使用剧毒、高毒农药的，依照有关法律、法规规定给予处罚；情节严重的，可以由公安机关对其直接负责的主管人员和其他直接责任人员处五日以上十五日以下拘留。

第五十九条 违反本法规定，造成人身、财产损害的，依法承担民事责任；构成犯罪的，依法追究刑事责任。

第九章　附　　则

第六十条 中医药的管理，本法未作规定的，适用《中华人民共和国执业医师法》、《中华人民共和国药品管理法》等相关法律、行政法规的规定。

军队的中医药管理，由军队卫生主管部门依照本法和军队有关规定组织实施。

第六十一条 民族自治地方可以根据《中华人民共和国民族区域自治法》和本法的有关规定，结合实际，制定促进和规范本地方少数民族医药事业发展的办法。

第六十二条 盲人按照国家有关规定取得盲人医疗按摩人员资格的，可以以个人开业的方式或者在医疗机构内提供医疗按摩服务。

第六十三条 本法自 2017 年 7 月 1 日起施行。

关于《中华人民共和国中医药法（草案）》的说明

——2015年12月21日在第十二届全国人民代表大会常务委员会第十八次会议上

国家卫生和计划生育委员会副主任、
中医药管理局局长　王国强

委员长、各位副委员长、秘书长、各位委员：

我受国务院委托，现对《中华人民共和国中医药法（草案)》作说明。

一、制定本法的必要性

中医药是中华民族的瑰宝，是我国医药卫生体系的特色和优势，是国家医药卫生事业的重要组成部分。新中国成立以来，国家高度重视中医药工作，坚持中西医并重，中医药事业取得了显著成就。2003年国务院制定的中医药条例对促进、规范中医药事业发展发挥了重要作用。但是，随着经济社会快速发展，中医药事业发展面临一些新的问题和挑战，主要表现为：中医药服务能力不足，特色和优势发挥不够充分；现行医师管理、药品管理制度不能完全适应中医药特点和发展需要，一些医术确有专长的人员无法通过考试取得医师资格，医疗机构中药制剂品种萎缩明显；中医药人才培养途径比较单一，人才匮乏；中医药理论和技术方法的传承、发扬面临不少困难。

《中共中央 国务院关于深化医药卫生体制改革的意见》和《国务院关于扶持和促进中医药事业发展的若干意见》（国发〔2009〕22 号）明确要求加快中医药立法工作，中医界也一直呼吁制定一部较为全面的中医药法。为了落实党中央、国务院有关文件精神，解决当前存在的突出问题，原卫生部于 2011 年 12 月向国务院报送了中医药法（草案）的送审稿。国务院法制办先后两次征求中央有关部门、地方人民政府以及部分医疗机构、高校和专家的意见，并向社会公开征求意见；赴北京、内蒙古、广东、贵州等地进行了 9 次调研；梳理重点问题，召开专题论证会。在此基础上，国务院法制办会同卫生计生委、中医药局等有关部门对送审稿进行了反复研究、修改，形成了《中华人民共和国中医药法（草案）》（以下简称草案）。草案已经 2015 年 12 月 9 日国务院第 115 次常务会议讨论通过。

二、草案的总体思路

草案在总体思路上，主要把握了以下几点：**一是**遵循中医药自身规律，建立符合中医药特点的管理制度，保持和发挥中医药特色和优势；**二是**贯彻深化医药卫生体制改革的要求，扶持和促进中医药事业发展，充分发挥中医药在医药卫生事业中的作用；**三是**坚持扶持与规范并重，在推动中医药事业发展的同时，注意预防和控制风险，保障医疗安全；**四是**处理好与现行法律的关系，在中医药的管理上，执业医师法、药品管理法等法律已有规定的，本法不再重复规定，仅对其中不适应中医药特点和发展需要的制度作适当调整。

三、草案的主要内容

（一）发展中医药服务，保持和发挥中医药特色和优势。**一是**加强中医药服务体系和能力建设。草案规定，政府应当加强中医药服务体系建设，合理规划和配置服务资源，提升服务能力；

支持社会力量举办中医医疗机构，平等对待民营和公立中医医疗机构（草案第六条、第七条）。**二是**进一步发挥中医药的作用。草案规定，发展中医药预防、保健服务，并将其纳入基本公共卫生服务项目；发挥中医药在应对突发公共卫生事件和疾病防控中的作用（草案第十二条）。**三是**保持中医药特色。草案规定，中医医疗机构要以中医药专业技术人员为主，主要提供中医药服务；中医药服务要以中医药理论为指导，运用中医药技术方法，遵守中医药服务基本要求（草案第十条、第十一条）。**四是**强化政策支持和保障。草案规定，政府为中医药事业发展提供政策支持和条件保障；制定基本医疗保险支付政策等医药卫生政策，要有利于发挥中医药优势，支持中医药发展，将符合条件的服务项目纳入基本医疗保险基金支付范围，制定有关政策要有中医药主管部门参加（草案第三十三条、第三十四条）。

（二）建立符合中医药特点和发展需要的中医医师、诊所准入管理制度。根据中医服务人员存在师承、家传等培养方式的实际，在充分考虑医疗安全风险的基础上，草案对以师承方式学习中医和经多年实践医术确有专长的人员，开辟了通过实践技能及效果考核即可获得中医医师资格的途径，即由省级中医药主管部门根据中医药技术方法的安全风险组织开展分类考核，考核合格即获得医师资格，并可以以个人开业的方式从事医疗活动。同时，考虑到中医诊所主要是医师坐堂望闻问切，服务简便，不像西医医疗机构需要配备相应的仪器设备，草案将中医诊所由现行的许可管理改为备案管理。（草案第八条、第九条）

（三）强化监管，预防和控制医疗安全风险。现行执业医师法、医疗机构管理条例涵盖了对中医药服务的监管，草案对个别制度作了调整完善，补充规定：以考核方式取得医师资格的，只可在考核、注册的执业范围内从事中医医疗活动；中医诊所只能开展备案的诊疗范围内的医疗活动，并将诊疗范围等相关信息在诊所的明显位置公示；主管部门应当加强日常监管，并将超范围执业作为监管重点。（草案第八条、第九条、第十四条）

（四）完善中药管理制度，促进中药发展。现行药品管理法涵盖了中药的管理，草案针对当前影响中药发展的主要问题，作了补充规定：**一是**提高中药材质量。草案规定，鼓励中药材规范化种植养殖；建立道地中药材评价体系，扶持道地中药材生产基地建设；规范中药材采集、贮存以及初加工；定期组织中药材质量监测，公布监测结果（草案第十五条至第十七条）。**二是**完善中药饮片管理制度。草案规定，医疗机构可以根据临床需要，凭处方炮制市场上没有供应的中药饮片，或者对中药饮片进行再加工（草案第二十条）。**三是**促进中药制剂发展。草案规定，鼓励医疗机构配制和使用中药制剂，支持应用传统工艺配制中药制剂；对仅应用传统工艺配制的中药制剂品种和委托配制中药制剂，由现行的许可管理改为备案管理；加强对备案中药制剂品种的不良反应监测和监督检查（草案第二十二条）。

（五）加强中医药人才培养。**一是**完善学历教育。草案规定，国家建立适应中医药事业发展需要、规模适宜、结构合理、形式多样的中医药教育体系，支持专门实施中医药教育的高等学校、职业学校和其他教育机构的发展（草案第二十三条、第二十五条）。**二是**增强人才培养的针对性。草案规定，中医药教育应当遵循中医药人才成长规律，以中医药内容为主，注重中医药经典理论和中医药临床实践、现代教育方式和传统教育方式相结合（草案第二十四条）。**三是**鼓励中医药师承教育。草案规定，鼓励中医医师和中药技术人员在执业、业务活动中带徒授业，拓宽教育途径（草案第二十六条）。

此外，草案还规定了支持中医药继承创新、推动和规范中医药文化传播以及法律责任等内容，并与执业医师法、药品管理法作了衔接。(草案第五章、第七章、第四十四条)

《中华人民共和国中医药法（草案)》和以上说明是否妥当，请审议。

全国人民代表大会法律委员会关于《中华人民共和国中医药法（草案）》修改情况的汇报

全国人民代表大会常务委员会：

常委会第十八次会议对中医药法（草案）进行了初次审议。会后，法制工作委员会将草案印发各省（区、市）、部分设区的市、基层立法联系点和中央有关部门、单位等征求意见，在中国人大网全文公布草案，征求社会公众意见。法律委员会、教育科学文化卫生委员会和法制工作委员会联合召开座谈会，听取部分全国人大代表和有关部门、专家、中医药界人士等的意见。法律委员会、法制工作委员会还到北京、河北调研，并就草案主要问题与有关部门交换意见，共同研究。法律委员会于7月26日召开会议，根据常委会组成人员的审议意见和各方面意见，对草案进行了逐条审议。教育科学文化卫生委员会、国务院法制办公室、国家卫生和计划生育委员会、国家食品药品监督管理总局、国家中医药管理局有关负责同志列席了会议。8月17日，法律委员会召开会议，再次进行审议。现将中医药法（草案）主要问题的修改情况汇报如下：

一、有些常委委员、代表和社会公众建议加大国家对中医药发展的支持和保障力度，并进一步充实有关政府责任的规定。法律委员会经研究，建议增加规定：**一是**“县级以上人民政府应当将中医药事业纳入国民经济和社会发展规划，统筹推进中医药事业发展。”**二是**“对在中医药事业中做出突出贡献的组织和个人，按照国家有关规定给予表彰、奖励。”**三是**国家“建立中医药传统知识保护数据库、保护名录，完善保护制度”。四是县级以上人民政府应当“将中医药事业发展经费纳入本级财政预算”。（草案二次审议稿第四条、第十条、第四十二条第一款、第四十五条第一款）

二、草案第八条第一款规定，从事中医医疗活动的人员应当依照执业医师法的规定取得中医医师资格并进行执业注册。但是，以师承方式学习中医或者经多年实践医术确有专长的人员，经省级中医药主管部门组织考核合格后即可取得中医医师资格。有的专家和社会公众提出，中医药有其独特理论和技术方法，中医医师资格考试的内容应当体现中医药的特点。有的地方、部门和社会公众还提出，以师承方式学习中医或者经多年实践医术确有专长的人员参加中医医师资格考核，应当由中医医师推荐。法律委员会经研究，建议作以下修改：**一是**增加规定：“中医医师资格考试的内容应当体现中医药特点。”**二是**明确以师承方式学习中医或者经多年实践医术确有专长的人员，参加省级中医药主管部门组织的考核，应当“由至少两名中医医师推荐”。（草案二次审议稿第十五条第一款、第二款）

三、有的常委委员、部门、地方和社会公众提出，为提升中药质量，促进中医药事业的健康发展，建议进一步加强对中药材种植养殖、流通使用和医疗机构中药饮片炮制、中药制剂配制等的监督管理。法律委员会经研究，建议作以下修改：**一是**增加规定，对中药材种植养殖，国家“严格管理农业投入品使用”；“加强道地中药材生产基地生态环境保护”，同时明确“道地中药材，是指经过中医临床长期应用优选出来的，产在特定地域，与其他地区所产同种药材相比，品质和疗效更好，且质量稳定，具有较高知名度的药材”。**二是**明确“药品生产企业购进中药材应当建立进货查验记录制度”，“中药材经营者应当建立进货查验和购销记录制度”。**三是**明确“在村医疗机构执业的中医医师、具备中药材知识和识别能力的乡村医生，按照国家有关规定可以自种、自采地产中药材并在其执业活动中使用”。**四是**明确医疗机构炮制中药饮片，“应当遵守中药饮片炮制的有关规定”，“保证药品安全”；“委托配制中药制剂的，委托方和受托方对所配制的中药制剂的质量分别承担相应责任”。（草案二次审议稿第二十一条、第二十二条、第二十三条第三款、第二十五条、第二十七条第一款、第三十条第三款）

四、有的地方、专家和药品生产企业提出，中药的审批应当符合中药特点，对生产符合条件的来源于古代经典名方的中药复方制剂，应当简化审批程序，鼓励企业开发利用传统中药资源。法律委员会经研究，建议增加规定：“生产符合条件的来源于古代经典名方的中药复方制剂，在申请药品批准文号时，可以仅提供非临床安全性研究资料。具体管理办法由国务院药品监督管理部门会同中医药主管部门制定。”“前款所称古代经典名方，是指至今仍广泛应用、疗效确切、具有明显特色与优势的古代中医典籍所记载的方剂。具体目录由国务院中医药主管部门会同药品监督管理部门制定。”（草案二次审议稿第二十九条）

五、有些常委委员、代表和部门提出，中医药科学研究对促进中医药理论和技术方法的继承和创新具有重要作用，建议加大对中医药科学研究的支持力度，进一步充实相关内容，并作专章规定。法律委员会经研究，建议在总则中增加一条，规定：“国家支持中医药科学研究和技术开发，鼓励中医药科学技术创新，推广应用中医药科学技术成果，提高中医药科学技术水平。”同时专设“中医药科学研究”一章，规定四方面内容：**一是**国家鼓励科研机构、高等学校、医疗机构和药品生产企业等开展中医药科学研究。**二是**国家采取措施支持中医药古籍文献、著名中医药专家的学术思想和诊疗经验以及民间中医药技术方法的整理、研究和利用。**三是**国家建立和完善符合中医药特点的科学技术创新体系、评价体系和管理体制。**四是**国家采取措施，加强对中医药基础理论、辨证论治方法、重大疾病中医药防治等对中医药科技进步有重大促进作用项目的科学研究。（草案二次审议稿第八条、第五章）

六、草案第三十五条规定，国家加强中医药标准体系建设，对需要统一的技术要求制定标准。中医药国家标准、行业标准由国务院有关部门依据职责制定并公布，供公众免费查阅。有的常委委员和社会公众提出，标准体系是中医药管理的重要依据，目前有的中医药标准比较滞后，不能适应中医药发展的需要，建议明确中医药标准应当及时更新、修订，同时应当强调标准的制定要体现中医药特点。有的社会公众提出，中医药标准应当在有关部门的网站上公布，便于公众查阅。法律委员会经研究，建议将上述规定修改为："国家加强中医药标准体系建设，根据中医药特点对需要统一的技术要求制定标准并及时修订。""中医药国家标准、行业标准由国务院有关部门依据职责制定或者修订，并在其网站上公布，供公众免费查阅。"（草案二次审议稿第四十七条第一款、第二款）

还有一个问题需要汇报。有的常委委员、地方和社会公众建议，将本法名称修改为"传统医药法"或者"中医药和民族医药法"。关于本法的名称，国务院有关部门在草案起草过程中已作了深入的比较论证，国务院在拟订提出议案过程中广泛听取了各方面意见，作了反复研究协调，并在草案第二条中对中医药的概念作了明确。法律委员会经同教育科学文化卫生委员会、国务院法制办公室、国家卫生和计划生育委员会、国家中医药管理局认真研究，建议对法律名称不作修改。

此外，还对草案作了一些文字修改。

草案二次审议稿已按上述意见作了修改，法律委员会建议提请本次常委会会议继续审议。

草案二次审议稿和以上汇报是否妥当，请审议。

全国人民代表大会法律委员会

2016 年 8 月 29 日

全国人民代表大会法律委员会关于《中华人民共和国中医药法（草案）》审议结果的报告

全国人民代表大会常务委员会：

常委会第二十二次会议对中医药法（草案二次审议稿）进行了审议。会后，法制工作委员会在中国人大网全文公布草案二次审议稿，征求社会公众意见。法律委员会、法制工作委员会还到云南、福建和广东调研，并就草案中的主要问题与有关部门交换意见，共同研究。法律委员会于12月1日召开会议，根据常委会组成人员的审议意见和各方面意见，对草案进行了审议。教育科学文化卫生委员会、国家卫生和计划生育委员会、国家食品药品监督管理总局、国家中医药管理局和国务院法制办公室有关负责同志列席了会议。12月12日，法律委员会召开会议，再次进行审议。法律委员会认为，为了保障和促进中医药事业发展，保护人体健康，制定本法是必要的，草案经过两次审议修改，已经比较成熟。同时，提出以下主要修改意见：

一、有的常委委员、国家中医药管理局和社会公众提出，目前中医药管理体系不够健全，中医药监管力量比较薄弱，建议完善中医药管理体系。法律委员会经研究，建议增加规定，县级以上人民政府应当“建立健全中医药管理体系”。（草案三次审议稿第四条）

二、有的常委会组成人员、代表提出，为鼓励中医药科学技术创新，建议增加保护中医药知识产权的规定。法律委员会经研究，建议增加规定，国家“保护中医药知识产权”。（草案三次审议稿第八条）

三、有的常委委员、中国残疾人联合会和社会公众提出，2009年有关部门制定了《盲人医疗按摩管理办法》，允许取得盲人医疗按摩人员资格证书的盲人在医疗机构中提供医疗按摩服务，但因为没有明确的法律规定，这些人员执业还面临困难，建议在本法中对此予以明确。法律委员会经研究，建议增加规定：“盲人按照国家有关规定取得医疗按摩人员资格的，可以以个人开业的方式或者在医疗机构内提供医疗按摩服务。”（草案三次审议稿第十五条第三款）

四、有些常委会组成人员、代表和社会公众建议进一步加强中药材种植养殖、采集、贮存等各个环节的质量管理，禁止在中药材种植过程中使用剧毒、高毒农药，确保中药材质量安全。有的常委委员建议对属于国家秘密的传统中药处方组成和生产工艺实行特殊保护。法律委员会经研究，建议增加以下规定：一是，“国家制定中药材种植养殖、采集、贮存和初加工的技术标准，加强对中药材生产流通全过程的质量监督管理，保障中药材质量安全。”二是，“禁止在中药材种植过程中使用剧毒、高毒农药”。三是，“国家对属于国家秘密的传统中药处方组成和生产工艺实行特殊保护。”（草案三次审议稿第二十一条、第二十二条、第四十三条第三款）

五、有的常委会组成人员、代表和国家中医药管理局提出，近年来我国中医养生保健服务行业发展迅速，总体适应人民群众对健康服务的需求，同时也存在标准缺失、服务不规范等问题，建议在草案中增加发展和规范中医养生保健服务的规定。法律委员会经研究，建议增加规定：“国家发展中医养生保健服务，支

持社会力量举办规范的中医养生保健机构。中医养生保健服务标准由国务院中医药主管部门制定。”（草案三次审议稿第四十四条）

六、有的常委会组成人员、代表和社会公众建议根据中医药特点合理确定其医疗服务价格，以解决目前中医医疗服务价格不平衡的问题。法律委员会经研究，建议增加规定：“县级以上人民政府及其有关部门应当按照法定价格管理权限，合理确定中医医疗服务的收费项目和标准，体现中医医疗服务成本和专业技术价值。”（草案三次审议稿第四十八条）

七、有些常委委员建议增加有关少数民族医药的专门规定，进一步加大对少数民族医药的扶持力度。法律委员会经研究，建议增加规定，国家“加强少数民族医疗机构和医师队伍建设”。同时，明确民族自治地方可以根据民族区域自治法和本法的规定，结合实际，制定促进本地方少数民族医药事业发展的办法。（草案三次审议稿第五十二条、第六十条）

此外，还对草案二次审议稿作了一些文字修改。

12 月 9 日，法制工作委员会召开会议，邀请部分全国人大代表、专家、医疗机构、药品生产经营企业和有关监督管理部门的代表就草案中主要制度规范的可行性、出台时机、实施的社会效果和可能出现的问题等进行评估。普遍认为，中医药是我国医药卫生体系的特色和优势，草案立足于建立符合中医药特点的管理制度，坚持扶持与规范并重，大力扶持中医药事业发展，充分发挥中医药在医药卫生事业中的作用，同时，进一步规范中医药从业行为，保障医疗安全和中药质量，对进一步保障和促进中医药事业的发展具有十分重要的意义。草案经过修改已经比较成熟，主要制度规范符合中医药发展规律，具有较强的针对性和可操作性，有利于保持和发挥中医药特色和优势，现在出台是必要的、适时的，建议尽快审议通过。与会人员还对草案提出了一些具体修改意见，法律委员会进行了认真研究，对有的意见予以采纳。

草案三次审议稿已按上述意见作了修改，法律委员会建议提请本次常委会会议审议通过。

草案三次审议稿和以上报告是否妥当，请审议。

全国人民代表大会法律委员会

2016 年 12 月 19 日

全国人民代表大会法律委员会关于《中华人民共和国中医药法（草案三次审议稿）》修改意见的报告

全国人民代表大会常务委员会：

本次常委会会议于12月19日下午对中医药法（草案三次审议稿）进行了分组审议，普遍认为，草案充分吸收了各方面的意见，已经比较成熟，建议进一步修改后，提请本次会议通过。同时，有些常委会组成人员还提出了一些修改意见。法律委员会于12月22日上午召开会议，逐条研究了常委会组成人员的审议意见，对草案进行了审议。教育科学文化卫生委员会、国家卫生和计划生育委员会、国家食品药品监督管理总局、国家中医药管理局和国务院法制办公室有关负责同志列席了会议。法律委员会认为，草案是可行的，同时，提出以下修改意见：

一、草案三次审议稿第二条对本法所称中医药进行了界定。有的常委会组成人员提出，中医药具有悠久历史传统，建议在中医药的定义中予以体现。法律委员会经研究，建议将这一条中的“具有独特理论和技术方法的医药学体系”修改为“具有悠久历史传统和独特理论及技术方法的医药学体系”。（草案建议表决稿第二条）

二、草案三次审议稿第十六条第一款中规定，中医医疗机构配备医务人员应当以中医药专业技术人员为主，主要提供中医药服务。有的常委委员、代表建议明确中医医师经培训合格后可以使用与自己专业相关的现代诊疗技术。法律委员会经研究，建议增加规定："经考试取得医师资格的中医医师按照国家有关规定，经培训、考核合格后，可以在执业活动中采用与其专业相关的现代科学技术方法。"（草案建议表决稿第十六条第一款）

三、草案三次审议稿第二十八条第一款中规定，医疗机构炮制中药饮片，应当向所在地县级人民政府药品监督管理部门备案。有的代表提出，为强化监管，建议提高接受备案的药品监督管理部门的层级。法律委员会经研究，建议将上述规定中的"县级人民政府药品监督管理部门"修改为"设区的市级人民政府药品监督管理部门"。（草案建议表决稿第二十八条第一款）

四、草案三次审议稿第五十二条、第六十条对促进少数民族医药事业发展作了规定。有的常委会组成人员提出，对少数民族医药也要加强监管，体现扶持与规范并重的精神，建议对上述两条规定作相应修改。法律委员会经研究，建议将上述规定中的"促进"少数民族医药事业发展修改为"促进和规范"少数民族医药事业发展。（草案建议表决稿第五十二条、第六十一条）

五、草案三次审议稿第二十二条中规定，禁止在中药材种植过程中使用剧毒、高毒农药。有的常委会组成人员建议对违反这一规定的行为，规定相应的法律责任。法律委员会经研究，建议增加规定："违反本法规定，在中药材种植过程中使用剧毒、高毒农药的，依照有关法律、法规规定给予处罚；情节严重的，可以由公安机关对其直接负责的主管人员和其他直接责任人员处五日以上十五日以下拘留。"（草案建议表决稿第五十八条）

此外，根据常委委员的审议意见，还对草案三次审议稿作了个别文字修改。

在常委会审议中，有些常委委员还对加强中医医师、中医医疗机构和中药的监督管理，促进中医药发展提出了一些具体修改意见。法律委员会经研究认为，上述意见涉及的问题，有的已在执业医师法、药品管理法中作了规定，草案已在附则中作了相应衔接规定，本法可不再规定；有的可以在本法实施的配套规定中进一步予以明确。法律委员会建议，国务院及其有关部门在法律实施过程中，要认真研究常委委员的上述意见，抓紧制定完善有关配套规定，切实保障法律的贯彻施行。

草案建议表决稿已按上述意见作了修改，法律委员会建议本次常委会会议通过。

草案建议表决稿和以上报告是否妥当，请审议。

全国人民代表大会法律委员会

2016 年 12 月 24 日

十二届全国人大常委会第十八次会议审议中医药法草案的意见

2015 年 12 月 27 日上午，十二届全国人大常委会第十八次会议对中医药法草案进行了初次审议。现将审议意见简报如下：

一、总的意见

常委会组成人员普遍认为，制定中医药法很有必要，对于继承和发展中医药事业具有重要意义。有的委员提出，中医药法草案思路正确，内容丰富，语言简练，特色鲜明，是一部难得的高质量法律草案，希望二审后提请表决。

有的委员建议从促进中医药事业发展的角度，遵循发展、使用、规范的脉络来谋篇布局，而不是先规定怎么管理。有些常委委员建议增设“中医药科学研究”一章。有的委员建议增设“促进中西医结合”一章。有的委员建议增设“中医医疗机构”一章。有的代表建议增加相应章节，对中医药管理机构设置和中医药健康服务进行规范。

有些常委委员和代表提出，草案立意仍嫌不高，政府责任规定得不够，应当从立法指导思想上充分重视起来，进一步加大政府对中医药发展的支持和保障力度，作出更严谨科学更具可操作性的规定。有的委员提出，立法要在如何充分体现“中西医并重”，政府及其相关部门承担哪些责任，如何建立符合中医药特点的管理制度等方面做进一步研究。

有的委员提出，立法保护和促进中医药发展是必要的，但同时也要加强规范和管理。现代中医药要强调中西医结合的发展方向，走科学化、规范化之路，对中药的质量安全、中医的培养模式都要严格把关。有的委员建议明确中医药安全监管的责任主体。

二、关于法律名称

有的委员赞成使用“中医药法”的法律名称。有的委员建议将法律名称修改为“传统医药法”，有的委员建议修改为“中医中药法”，有的委员建议修改为“中医药振兴法”，有的委员建议修改为“中医药发展促进法”。有的委员提出，目前对法律名称还有“中华民族传统医药法”、“中华医药法”，“中医药和民族医药法”或者将民族医药和中医药同步立法等几种建议，而宪法使用的是“传统医药”的表述，建议就这一问题广泛征求意见，再做研究。

三、关于总则

草案第一条规定，为了继承和弘扬中医药，保障和促进中医药事业发展，保护人体健康，制定本法。有的委员建议修改为：“为贯彻落实宪法关于发展现代医药和我国传统医药的规定，保障和促进中医药事业发展，保护国民身心健康，制定本法。”有的代表建议在“保护人体健康”后增加“推进健康服务业发展”。有的委员提出，“保护人体健康”中“人体”的表述是否过窄，建议研究。

草案第二条规定，本法所称中医药，是包括汉族和少数民族医药在内的我国各民族医药的统称，是反映中华民族对生命、健康和疾病的认识，具有独特理论和技术方法的医药学体系。有的委员建议在中医药定义的“医药学体系”前或者在“各民族”后增加“传统”二字。有的代表提出，不要把定义复杂化，只需明确中医药是我国各民族医药的统称，建议删除“包括汉族和少数民族医药在内”的表述。有的委员建议将“汉族和少数民族”修改为“汉族和各少数民族”。有的代表建议在定义中明确中医药是包括汉、藏、蒙、维和其他少数民族医药在内的我国各民族医药的统称。有的委员建议删去中医药包括少数民族医药的规定，专门出台“少数民族医药发展条例”。有的委员建议将“反映中华民族对生命、健康和疾病的认识”修改为“反映中华民族对生命保护、健康促进和疾病的预防、诊断、治疗的认识和方略”。

草案第三条第一款规定，中医药事业是我国医药卫生事业的重要组成部分。国家实行中西医并重的方针，鼓励中医西医相互学习，促进中西医结合，充分发挥中医药在我国医药卫生事业中的作用。有的代表建议将“中西医并重”修改为“传统医药和现代医药并重”。有的委员建议将“鼓励中医西医相互学习”具体化，修改为：“鼓励中西医各自发挥特色和优势，确保医疗服务的专业水平和可靠质量。鼓励中医和西医之间、汉族和各少数民族的传统医药之间、公立机构和民间民营机构医药人员之间的相互学习、相互配合”。有的代表建议在“国家实行中西医并重的方针”后面，增加规定：“坚持政府主导、社会参与、保护继承、促进创新、扶持和保证中医药事业的发展，遵循其自身规律，建立符合中医药特点的管理制度”。有的委员建议增加一款规定：“中西医专业是我国医药卫生事业的重要组成部分，国家实行中西医并重的方针，坚持政府主导，社会参与，保护继承，促进创新，充分发挥中西医结合在我国医疗卫生事业中的作用，扶持和保障中西医结合专业的发展。”

草案第三条第二款规定，发展中医药事业应当坚持继承和创新相结合，保持和发挥中医药特色和优势，运用现代科学技术，推进中医药现代化，建立符合中医药特点的管理制度。有的委员提出，“中医药现代化”的提法指向模糊，建议修改为“中医药现代研究发展”或者修改为“中医药的创新和发展”。有的委员建议将“继承和创新”修改为“继承和发展”，并修改第五章相应内容。有的委员建议增加“遵循创新、开放、绿色、共享的原则”，体现十八届五中全会的精神。有的委员提出，中医药发展不能一味强调中西医结合和中医药现代化，应当强调中医自身的传承、创新和发展，强化中医药自身的作用和优势。有的委员建议将“符合中医药特点”修改为“符合中医药原理、规律和特点”。邓秀新委员建议增加“促进中医与中药协调发展”的规定。

草案第四条第一款规定，国家支持社会力量投资中医药事业，采取措施支持组织、个人捐助中医药事业。有的委员建议将“国家支持社会力量投资中医药事业”修改为：“国家支持中医药事业的振兴，鼓励社会力量投资中医药事业”。

草案第四条第二款规定，国家支持中医药对外合作，推动建立中医药国际标准体系，促进中医药的国际传播和应用。有的代表建议在“国际标准体系”前增加“符合中医药自身规律的”。有的委员建议增加规定：“国家支持海峡两岸中医药交流和合作。”有的委员建议增加国家支持中医药走出国门方面的规定。有的委员建议将“促进中医药的国际传播和应用”修改为“支持中医药规范化的国际传播和应用”。有的委员建议将“国家支持中医药对外合作”修改为：“国家在保护中医药权益基础上支持中医药对外合作。”

有些常委委员建议总则部分增加一些国家保护、扶持、发展传统医药的论述。有的委员建议增加规定：“国家大力发展中医药，持续增大中医药在医疗卫生事业中的比重，支持有条件的地方将中药产业做成支柱产业。”有的委员建议增加规定，各级人民政府把传统医药学的发展列入本地经济社会发展中长期规划。

四、关于中医药服务

草案第六条第一款规定，政府举办的有关医院以及社区卫生服务中心和乡镇卫生院设置中医药科室。有的同志建议对设置中医药科室的必要性和可行性再作研究。有的委员建议明确规定设置中医药科室的比例，否则规定难以落地。有的代表建议删除"有条件的"。有的委员建议分层次表述，政府举办的综合医院按国家规定标准设置中医药科室，在有条件的专科医院以及社区卫生服务中心和乡镇卫生院设置中医药科室。

草案第六条第二款规定，合并、撤销政府举办的中医医疗机构或者改变其中医医疗性质，应当征求上一级人民政府中医药主管部门的意见。有的委员建议在"合并"前增加"新建"。有的委员提出，"征求上一级人民政府中医药主管部门的意见"的表述不像法律语言，建议修改为"经上一级人民政府中医药主管部门同意或者批准"。

草案第八条第一款规定了中医医师资格和执业注册制度，以师承方式学习中医或者经多年实践医术确有专长的人员经省级人民政府中医药主管部门组织实践技能及效果考核合格后可取得中医医师资格。有些常委委员认为这一规定很好，符合中医特点。有的委员建议在"组织实践技能"前面加"定期"，并研究进一步放宽执业范围，将"可以以个人开业的方式或者在相关医疗机构中从事中医医疗活动"修改为"可以在所注册的行政区域内从事中医医疗活动"。有的委员提出，传统中医师应实行宽申请、严考核的方法。有的委员建议主管部门在"实践技能及效果考核"之外还应当组织"基础医疗知识考核"，而且要强调应在其考核注册的执业范围内执业。有的委员建议明确哪些中医师可以师承方式带徒弟。有的委员建议对盲人医疗按摩人员获得中医医师资格给予特殊照顾。

草案第九条规定了举办中医医疗机构和中医诊所的管理办法。有的委员建议明确中医诊所的“处方权仅限于中草药方剂”。有的委员建议增加中医诊所不得进行迷信、欺骗、伪科学等活动的规定。有的委员建议将中医诊所备案信息中的“姓名”修改为“资格证书”。有的委员提出，中医药主管部门和卫生行政部门本就是一家，规定具体办法由国务院中医药主管部门拟订，报国务院卫生行政部门审核、发布是否必要，建议再做研究。

草案第十条第一款规定，中医医疗机构配备医务人员应当以中医药专业技术人员为主，主要提供中医药服务；采用现代科学技术方法的，应当有利于保持和发挥中医药特色和优势。有的委员建议将“为主”改为“占多数”，并在后面增加“机构领导中必须有中医药专业人员”。有些常委委员和代表建议将“采用现代科学技术方法的，应当有利于保持和发挥中医药特色和优势”修改为：“中医药医疗机构应当在中医药理论的指导下，积极利用现代科学技术方法，丰富中医药临床诊疗手段，保持和发挥中医药特色和优势”。有的委员提出该款规定把中医药服务与现代科学技术方法对立起来了，应当斟酌研究。

草案第十条第二款规定，社区卫生服务中心等基层卫生服务机构应当合理配备中医药专业技术人员，运用和推广中医药适宜技术。有的委员提出这一要求不现实，建议将“应当”修改为“可以”。

草案第十二条第二款规定，县级以上人民政府应当发挥中医药在突发公共卫生事件应急工作中的作用。有的委员提出，在突发公共卫生事件应急工作中的作用恰恰是中医药的短处，建议删去该款规定。

草案第十三条规定，中医医疗广告应当经医疗机构所在地省级中医药主管部门审查批准。未经审查批准，不得发布中医医疗广告。发布的中医医疗广告内容应当与经审查批准的内容一致。有的委员建议明确中医诊所发布广告是否需要审批。有的委员建议增加规定“发布的中医医疗广告应当符合广告法的规定”。有的委员提出，鉴于广告法中已有规定，建议删除“未经审查批准，不得发布中医医疗广告。发布的中医医疗广告内容应当与经审查批准的内容一致”的规定。有的委员建议根据中国当前医疗广告市场的特殊情况，全面禁止中医医疗机构（包括中医诊所）广告宣传。

草案第十四条规定了对中医药服务的监督检查。有的委员提出，监督检查的重点只讲形式，不讲内容建议修改。有的委员建议将第一款第一项“中医医疗机构、中医医师是否超出规定的范围开展执业活动”，修改为：“中医医疗机构、中医医师是否具有执业资格及是否规范执业”；将第二项“开展中医药服务是否符合国务院中医药主管部门制定的中医药服务基本要求”，修改为：“开展中医药服务是否符合国家相关中医药服务的基本要求”；删除第三项“中医医疗广告发布行为是否符合本法的规定”，并增加一项：“中药材及中药饮片制剂的质量是否符合相关要求”。

有的委员建议明确政府举办中医医疗机构的责任，明确政府对运营较好的中医医疗机构予以奖励，明确国家在规划布局、金融信贷、空间用地、医疗保险衔接等方面的扶持内容，明确对中医医疗机构的评价、评估的基本要求。

五、关于中药发展

草案第十五条第二款规定，国家鼓励发展中药材规范化种植养殖。有的委员建议增加规定：“国家鼓励用现代化的技术方法和人工合成珍贵的、濒危的药用野生动物替代品，并支持其临床的试验、应用。”有的委员建议增加规定：“国家支持开展老虎犀牛等珍贵、濒危药用野生动植物的繁育及其相关研究。”有的委员提出，要保证中药材质量，必须关注土壤质量等环境问题。有的代表建议增加规定，国家实行药用野生动物资源分级保护和合理开发制度。有的委员建议研究与野生动物保护法的衔接关系。有的委员建议增加“国家鼓励栽培技术研究”。

草案第十六条规定了国家道地中药材的保护。有的委员提出，道地中药材的概念应当进行解释。有的委员建议增加规定：“加强道地中医药药材生产基地生态环境的保护”，“中医药药材在适当时候实行国家专营”。有的委员提出，为了加强监管，保障中药材质量，建议增加加强生产环节可追溯体系建设的规定。有的代表建议增加规定：“国家实行中药材标识和道地中药材的认证制度。”

草案第十八条规定，具备中药材知识和识别能力的乡村医生、中医医师，可以自种、自采地产中药材并在其执业活动中使用。有的委员建议明确如何确认“具备中药材知识和识别能力”。有的委员建议将“可以自种、自采地产中药材”限定为“地产中药材”，对毒性较大的特殊药材不能自种、自采、自制、自用。有的委员提出，中医药法草案应与国家现行相关医改举措做好衔接，例如处理好乡村医生等在执业活动中使用自种自采中药材与医保报销制度的关系。

草案第二十一条规定，国家鼓励和支持中药新药的研制和生产。有的同志建议规定：“建立符合中医药特点的评价标准和评审办法，采取分类评审”。

草案第二十二条规定了医疗机构配制中药制剂的管理。有的代表建议增加规定：“仅用传统工艺配制中药制剂的医疗机构，只需要取得传统制剂相应资质。”有的委员建议删去第二款关于中药制剂许可、备案等管理的规定，或者弱化其中的许可要求。有的委员提出，规定医疗机构应用传统工艺配制的中药制剂可以不取得批准文号，是否妥当，建议研究。

有的委员提出，医药不分家是中医药的优势特色之一，建议规定对中药实施分类管理，对于药品生产企业生产的中成药，按照药品管理法管理；中药饮片，由国家中医药管理部门管理，放开中药饮片市场。有的委员建议将中药分为处方药、机构配药、上市的中成药三类分别进行规定。

有的委员建议将章名“中药发展”修改为“中药保护与发展”。有的委员建议将章名修改为“中医药的发展”。

六、关于人才培养

草案第二十三条规定，国家鼓励开展高层次的中西医结合教育。有的委员建议删除“鼓励开展高层次的中西医结合教育”。有的委员建议保留，并将总则“促进中西医结合”的精神具体化。

草案第二十四条规定，中医药教育应当遵循中医药人才成长规律，以中医药内容为主，体现中医药文化特色，注重中医药经典理论和中医药临床实践、现代教育方式和传统教育方式相结合。有的委员建议修改为：“中医药教育应当遵循中医药特点和人才成长规律，以中医药内容为重点，结合现代医学科学发展开展教育，既体现传承中医药文化特色，又注重对中医药理论和中医药临床的科学发展。”有的委员建议增加规定：“可以在硕士以上学位教育中开展中西医结合教育”。

草案第二十五条第一款规定，国家完善中医药学校教育体系，支持专门实施中医药教育的高等学校、职业学校和其他教育机构的发展。有的委员建议明确中医药专业教育属性，把支持和办好高等中医药教育放在首位，不鼓励中医药学校发展为综合性院校。有的委员建议增加规定，综合性大学实施中医药教育的，也应予以支持。

草案第二十五条第一款规定，中医药学校教育应当体现中医药学科特色，符合中医药学科发展规律。有的委员建议将“符合中医药学科学发展规律”修改为：“作为中医药专业技术人员培养的有效途径，国家制定办法认定师承教育的成果和人员”。

草案第二十六条规定，国家发展中医药师承教育，鼓励中医医师、中药专业技术人员在执业、业务活动中带徒授业。有的委员建议将“发展”修改为“支持”。有的代表建议增加规定：“鼓励符合条件的非中医药专业技术人员，跟师学习中医药知识和技能。”有的委员提出，草案鼓励师承教育的规定仍不够具体，建议进一步研究。

草案第二十七条第二款规定，中医药专业技术人员应当按照规定参加继续教育。有的委员建议将“继续教育”修改为“医学继续教育”。

草案第二十八条规定，国家支持中医药理论和技术方法的继承和创新。有的代表建议在“继承和创新”后增加规定：“鼓励中医药科学研究和学术争鸣，支持学术流派发展”。

有的委员建议研究开设中医药少年班问题。

有的委员建议设立针对个人和团体的中医药奖励机制。

七、关于继承创新与文化传播

草案第二十九条规定了中医药的知识产权保护。有的委员提出，中医药传统知识持有人享有“传承使用的权利”之外，还应当享有处分和收益权。有的委员建议修改为：“国家开展中医药知识产权保护工作，传统中医药特别的诊疗技术和药剂经认定享受知识产权保护。国家鼓励传承发展中医药理论，鼓励中医药传统知识与现代医学科学相结合开展研究，鼓励中医药知识产权的转化、应用。”有的委员建议增加规定：“国家鼓励和支持对中医药的创新成果申请知识产权，并依法予以保护。”有些常委委员和代表建议增加规定：“建立中医药传统知识保护制度，建立中医药传统知识保护数据库和保护名录”。有的委员提出，应当由有关部门制定、公布中医药知识产权目录。有的同志建议明确知识产权保护的年限。有的委员建议增加规定“尊重和保护汉族和各少数民族传统的医疗文化”。有的委员建议草案应体现《2006—2020年中医药创新发展规划纲要》有关中医药知识产权保护精神。

草案第三十条对中医药学术传承作了规定。有的代表建议增加“国家建立中医药学术传承人制度”。有的委员建议增加规定：“少数民族地区人民政府要重视做好抢救、保护、传承、利用和发展少数民族传统医药，特别是没有或者缺乏文字、图像资料记载的少数民族的传统医药工作。”

草案第三十一条规定，县级以上政府应当加强中医药文化宣传，普及中医药知识，倡导中医药养生。有的代表建议增加规定“鼓励中医药文化知识进入中小学教材”。有的同志提出，倡导中医药养生是否属于政府职责，还需要慎重研究。有的委员建议删去“倡导中医药养生”。有的委员建议将“养生”修改为“保健”。

草案第三十二条第二款规定，媒体开展中医药养生知识宣传，应当聘请中医药专业技术人员进行。有的委员建议在“中医药专业技术人员”前增加“有相应资质”的限定。有的委员建议删除“中医药专业技术人员”中的“中医药”。有的同志提出，由媒体宣传和倡导“中医药养生”是否合适，建议研究。

有的委员建议国家在中医药科学研究方面加大支持力度，进一步激发中医医疗机构在中医领域探索研发新药的活力。有的委员提出，科技立项方面应当保障中医、中药享有同西医、西药平等的待遇。有的委员提出，仅有与西医的平等地位还不够，国家科技投入应向中医药的创新倾斜。有的代表建议增加规定："县级以上人民政府应当将中医药纳入科学技术发展规划和建设创新型国家的战略重点，支持中医药科技创新和服务平台建设。"

有的委员提出，第五章标题中的"文化传播"概念过大，建议斟酌。有的委员建议将章名修改为"继承、创新、保护和文化传播"。

八、关于保障措施

草案第三十三条第一款规定了县级以上政府保障中医药事业发展的职责。有的代表建议增加规定："国家保障中医药事业发展的投入，县级以上人民政府应当将中医药发展纳入本级国民经济和社会发展规划，逐步增加中医药投入，根据需要合理安排中医药事业支出，并纳入本级财政预算。县级以上人民政府应当设立中医药专项资金，重点支持中医药学术传承、传统知识和文化遗产保护。"

草案第三十三条第二款规定，县级以上政府制定医药卫生政策，应当发挥中医药的优势，支持提供和利用中医药服务。有的代表建议增加规定："制定并及时调整中医药医疗服务价格，应当体现服务成本和技术劳动的价值，调动医疗机构提供中医药医疗服务的积极性。"有的委员建议将"应当发挥中医药的优势"修改为"注意发挥中医药的优势"。有的委员提出，要进一步完善保障措施，建立一套适合中医处方药进入医疗保险保障范围的管理办法，建立专项基金对中医药的继承、创新，给予一定的资金支持，对相关的技术开发给予支持，进一步放开中医药服务的价格管理。

草案第三十四条规定将符合条件的中医医疗机构和中医诊疗项目等纳入基本医疗保险的保障范围。有些代表和专委会委员建议制定基本医疗保险优惠政策，鼓励中医药服务的提供和利用。有的委员提出，医疗保险问题上应当符合中医特点，对那些不在定点医疗机构内执业的中医师，如果确有治病的能力和专长，通过中医药主管部门考核认定之后也应纳入医疗保险保障范围。

草案第三十五条规定，国家加强中医药标准体系建设，对需要统一的技术要求制定标准。中医药国家标准、行业标准由国务院有关部门依据职责制定并公布，供公众免费查阅。有的委员提出，国家除了制定技术标准外，还要制定管理规范；中医是个性化诊疗，中医药国家标准和行业标准，不具有强制性，应当作为推荐标准起示范作用。

有的代表建议增加规定："国家实行公立中医医疗机构财政补助制度，县级以上人民政府应当按照中医医疗机构人员编制标准、工资标准和仪器配备标准等全额拨付公立中医医疗机构编制内人员的基本工资和津贴。"

九、关于法律责任

草案第三十九条规定中医诊所超出备案的诊疗范围开展医疗活动的法律责任。有的委员建议进一步严格处理，将第二款中"五年内不得在医疗机构内从事管理工作"修改为"不得在医疗机构内从事相关工作"。有的委员提出，该条规定过于严厉，应当统筹考虑与西医的法律责任平衡。

草案第四十一条第二款规定，未依法备案的中药制剂以及未按照备案材料载明的要求配制的中药制剂，按假药论处。有的委员建议将"按假药论处"修改为"按非法药物或者违法药物论处"。有的委员提出，对未依法取得制剂许可证或制剂批准文号的该如何处罚，建议一并研究。

有的委员建议对中医药造假规定严厉的法律责任。有的委员建议增加规定假冒中医从事欺诈活动的法律责任，以及相关广告商的连带责任。

十、其他

草案第四十四条对与执业医师法、药品管理法的衔接作了规定。有的委员提出，不能用管理西医的办法来管理中医，建议修改为："中医药管理本法没有涉及的，应根据实际情况通过法定程序进行确立"。有的委员提出，哪些法律法规需要参照，应当明确注明。

草案第四十五条规定，民族自治地方可以根据《中华人民共和国民族区域自治法》和本法的有关规定，结合实际，制定促进本地方中医药事业发展的办法。有的委员建议增加一款规定："本法内容未能涵盖的我国其他医药，根据国家有关医药法规和所在区域法规，由所在区域的行政主管部门结合实际制定管理办法。"

十二届全国人大常委会第二十二次会议审议中医药法草案二次审议稿的意见

2016年8月30日下午，十二届全国人大常委会第二十二次会议对中医药法草案二次审议稿（以下称二审稿）进行了审议。现将审议意见简报如下：

一、总的意见

常委会组成人员普遍认为，二审稿充分吸纳了各方面的意见建议，做了较大幅度的修改完善，并增设了“中医药科学研究”一章，加大了国家对中医药创新发展的支持和保障力度，修改得比较好，总体上表示赞同。

有些常委会组成人员提出，中医药法的名称能够涵盖包括汉族和少数民族医药在内的我国各民族医药，是可行的，建议对法律名称问题多做解释工作，以形成广泛的共识。有的委员建议就法律名称问题继续广泛征求意见，再做研究，并做好解释说明。有的委员建议将法律名称修改为“（中华民族）传统医药法”或者“中医药和民族医药法”。有些常委委员建议增加有关民族医药的专门条款，加大对民族医药的扶持力度。

二、关于总则

二审稿第一条规定，为了继承和弘扬中医药，保障和促进中医药事业发展，保护人体健康，制定本法。有的代表建议将“弘扬中医药”修改为“发展中医药”。有的委员建议在立法目的中增加“建设健康中国”，有的代表建议增加“保障中医药质量，促进中医药产业发展”。有的同志建议将“人体健康”修改为“人民健康”。有的委员建议增加“根据宪法，制定本法”的表述。

二审稿第二条规定，本法所称中医药，是包括汉族和少数民族医药在内的我国各民族医药的统称，是反映中华民族对生命、健康和疾病的认识，具有独特理论和技术方法的医药学体系。有的委员建议增加“在历史上形成的”或者“长期以来”等内容，突出中医药的悠久历史传统。有的委员建议删除“包括汉族和少数民族医药在内”的表述，避免与“各民族”重复。有的委员建议修改为：“本法适用于中华民族在认知自然、认知生命、防治疾病与卫生保健活动中原创、应用、传承、发展的中华民族的医药体系，包括中医药、少数民族医药和中西医结合医药。”有的委员建议将“独特理论”修改为“独特科学理论”或者“系统理论”。张伯礼代表建议在“疾病”后增加“和康复”。

二审稿第三条第一款对中医药事业的定位和发展方针作出了规定。有的委员建议增加有关“预防保健”和“推进健康中国建设”的内容。有的委员建议增加“制定中医药扶持政策，普及中医药知识”的表述。有的委员建议增加“建立符合中医药特点的管理体系”的内容。有的委员建议在“大力发展中医药事业”后面增加“保护中医药资源”。有的代表建议增加“提高中医药标准化、信息化、产业化、现代化水平”的表述。有的委员建议删除“中西医并重”的表述。

二审稿第三条第二款规定，发展中医药事业应当遵循中医药发展规律，坚持继承和创新相结合。有的委员建议增加“加强环境保护的原则”的内容。有的委员建议将“运用现代科学技术”修改为“合理运用包括科学技术在内的现代知识和手段”。

二审稿第三条第三款规定，国家鼓励中医西医相互学习，相互补充，发挥各自优势，促进中西医结合。有的委员提出，中医药发展要坚持走中西医相互包容、相互补充、相互借鉴、相互帮助的路子，才会有广阔的前景。有些常委委员建议设专章或增加条文，充实中西医结合的内容。有的委员建议在“相互补充”后增加“相互维护、相互借鉴”。有些常委委员和代表提出，中西医结合的提法有争议，容易导致忽略中医，不属于中医药法应当规定的内容，建议删除，或者修改为“促进中西医共同发展”。

有的委员建议在第三条增加一款规定：“国家保护中医药知识产权”。有的代表建议增加一条规定：“国家鼓励和支持对中医药的创新成果申请知识产权，并依法予以保护。”

二审稿第五条第一款规定，国务院中医药主管部门负责全国的中医药管理工作，国务院其他有关部门在各自职责范围内负责与中医药管理有关的工作。有的委员建议明确国务院其他有关部门在各自职责范围内负责“与中医药教育、科研、生产等有关的其他工作”。刘群代表建议明确规定，国务院中医药主管部门“统筹”全国的中医药管理工作。有的委员建议进一步强化基层中医药主管机构的设置，建立健全国家、省、市、县级中医药管理体系。有的代表提出，药品管理法规定了国务院药品监督管理部门负责药品（包括中药）的监督管理工作，应当做好两法的衔接。

二审稿第七条规定，国家发展中医药教育，建立适应中医药事业发展需要、规模适宜、结构合理、形式多样的中医药教育体系。有的委员建议增加“支持中医药人才培养”的内容。有的委员建议增加“符合中医药人才成长规律”的表述。穆东升委员建议增加“注重质量”的表述。

二审稿第九条规定，国家支持中医药对外交流与合作，促进中医药的国际传播和应用。有的委员建议增加规定：“在国际上对中医典籍的学术成果给予保护”。

有的代表建议在总则中强调中医药标准化体系的建设和提

升，或者专章规定“中医药标准化”。有的代表建议增加一条规定：“国家推行中医药标准化，健全完善中医药标准体系，推进中医药信息化建设，提高中医药服务水平。”

三、关于中医药服务

有的代表建议将第二章章名“中医药服务”修改为“中医药管理与服务”，并增加中医药管理的内容。

二审稿第十一条第二款规定，合并、撤销政府举办的中医医疗机构或者改变其中医医疗性质，应当征求上一级人民政府中医药主管部门的意见。有的委员建议增加征求社会公众意见的程序。有的代表建议将“上一级”修改为“省级”。有的代表提出，该款规定计划色彩和行政色彩过浓，建议删除。

二审稿第十二条第一款规定，政府举办的综合医院、妇幼保健机构和有条件的专科医院、社区卫生服务中心、乡镇卫生院应当设置中医药科室。有的委员提出，综合医院设置中医药科室应该有一个最低比例的规定。有的同志提出，有条件的“养老保健机构”也应当设置中医药科室。有的代表建议在“设置中医药科室”后增加规定“提供中医药服务”。有的代表建议减少计划行政色彩，使用“鼓励、支持”的表述，对基层医疗机构设置中医药科室不作硬性规定。

二审稿第十四条对举办中医医疗机构作出了规定。有的委员建议把“举办”修改为“新设置”，与《医疗机构管理条例》的表述一致。有的常委委员和代表提出，对中医诊所的诊疗范围不能限制过死，要有一定灵活性，建议删除“不得超出备案范围开展医疗活动”的规定。有的委员还建议相应删除第二十条第一项和第五十一条的相关规定。有的委员提出，中医诊所只实行备案管理是不够的，还应当增加实行工商登记等的规定。有的常委委员和代表对中医诊所实行备案管理表示担忧，建议将备案修改为审批，或者增加规定其他设立条件，并建立定期评价机制。

二审稿第十五条第二款规定，以师承方式学习中医或者经多年实践医术确有专长的人员，由至少两名中医医师推荐，经省级中医药主管部门组织实践技能及效果考核合格后，即可取得中医医师资格。有的委员提出，对上述人员也要通过医师考试的方式取得中医医师资格，不能搞两个标准。有的委员提出“经多年实践”不好界定，建议规定最低期限。有的委员提出，“由至少两名中医医师推荐”参加考核的规定意义不大，建议删除；有的委员建议修改为“由至少两名中高级技术职称的中医医师推荐”。有的委员建议将通过考核方式取得中医医师资格的人员，限定在县乡以下基层医疗机构执业。有的委员建议增加规定，在药材市场实践多年的药工，自愿报名，经省级人民政府中医药主管部门组织培训和实践技能及效果考核合格后，即可取得在相应省、自治区、直辖市范围内行医的中药技师、民族药技师资格。

有的委员建议建立符合中医药特点的中医医师分类管理制度，明确中医医师包括中西医结合医师和民族医医师，中医医师经系统培训，考核合格后可以开展现代诊疗活动。

二审稿第十六条第一款规定，在医疗活动中采用现代科学技术方法的，应当有利于保持和发挥中医药特色和优势。有的常委委员和代表提出，不应该为了保留中医药特色而排斥现代科学技术方法，建议删除这一规定。有的委员建议将这一规定修改为：“在医疗活动中，鼓励在中医药理论指导下，积极采用现代科学技术方法丰富中医诊疗手段，保持和发挥中医药特色和优势。”

二审稿十八条第三款规定，医疗卫生机构应当在疾病预防与控制中积极运用中医药技术方法。有的委员建议将“中医药技术方法”修改为“中医药理论和技术方法”。

二审稿第十九条规定，医疗机构发布中医医疗广告，应当经所在地省级中医药主管部门审查批准。有的代表提出，中医医疗广告应当由药品监督管理部门审批。

有的常委会组成人员和代表建议增加规定国家支持发展中医养生保健服务的内容，并对中医养生保健服务机构的登记注册和人员资质等问题作出规定。

四、关于中药保护与发展

有的委员建议把第三章章名“中药保护与发展”修改为“中药药材及制剂”或者“中药药材”。

二审稿第二十一条规定，国家鼓励发展中药材规范化种植养殖，严格管理农业投入品使用，支持中药材良种繁育，提高中药材质量。有些常委会组成人员和代表建议进一步加强中药材质量管理，在种植、采集、贮存等多方面严格管控，避免“中医毁于药”。有的委员建议对“农业投入品”的概念予以明确。有的委员建议对中药材的生产基地实行最严格的环境保护措施，采取信息公开等措施，从源头上解决中药材农药残留和重金属超标等问题。有的委员建议强化中医药管理体制，对中药材实行统一监管，解决多头管理的问题。有的委员建议增加规定，国家中医药主管部门会同国务院有关部门制定中药材规范化种植养殖的具体实施意见。

二审稿第二十二条第一款中规定，国家建立道地中药材评价体系，鼓励采取地理标志产品保护等措施保护道地中药材。有的委员建议在“评价体系”前增加规定“种植养殖技术标准体系”。有的委员建议增加鼓励中医医疗机构使用道地中药材的规定。有的委员建议规范道地中药材种植、养殖生产过程。有的委员建议将“鼓励采取地理标志”修改为“应当标示地理标志”。有的代表建议考虑建立国家级的道地药材种子库，保证药材资源的品质溯源。

二审稿第二十三条对中药材质量管理作出了规定。有的委员建议增加规定，国务院药品监督管理部门进行质量监测的主要中药材目录，应当定期向社会公布。有的委员建议增加一款规定：“国家对道地中药材的采集、储存、初加工及药材现货交易场所的环境建立国家标准。”有的委员建议增加规定：“应当遵循药物的药性妥善管理中药材”。有的代表建议建立中药材采集、储存、初加工、流通、包装、仓储等系统的质量标准体系。有的委员建议增加国家构建中药材网上交易平台的规定。有的代表建议增加规定“合理布局中药材市场”。有的代表提出，药品生产企业购进中药材，也要建立生产加工和销售记录制度。

二审稿第二十四条规定，国家保护药用野生动植物资源，鼓励发展人工种植养殖，支持依法开展珍贵、濒危药用野生动植物的保护、繁育及其相关研究。有的委员提出，立法要明确严格防止乱采滥挖，避免野生名贵中药药材资源灭绝；对于明令禁止不能采用的野生动植物中药药材，鼓励支持人工培育、饲养，进行专营专供。有的委员提出，国家还要保护药用的矿物资源。有的委员建议规定对药用野生动物实行国家垄断经营，以达到保护和利用的平衡。有的代表建议在“国家保护”后增加规定“并合理运用”。有的代表提出，中医应当与时俱进，深入探究并鼓励研发适当有效的替代品。

二审稿第二十五条规定，在村医疗机构执业的中医医师、具备中药材知识和识别能力的乡村医生，按照国家有关规定可以自种、自采地产中药材并在其执业活动中使用。有的代表提出，应当增加关于医生识别中药材能力方面的评估标准和考核要求，否则容易产生安全风险。

二审稿第二十八条第一款规定，国家鼓励和支持中药新药的研制和生产。有的委员建议依法推动中药加工向规范化、精细化发展，以提高中药质量，增强中药疗效。有的代表建议增加规定：“国家鼓励和支持中药生产工艺技术的改进和提高，以及新药的研制和生产。”

二审稿第三十条第二款规定，委托配制中药制剂，应当向委托方所在地省级药品监督管理部门备案。有的委员建议修改为："中药药剂必须标明配制机构名称或者责任人姓名，委托配制中药制剂的，应同时标明委托方和受委托方的机构名称或责任人姓名，在当地中医药管理机构备案，并接受监督检查。"

二审稿第三十条第三款中规定，委托配制中药制剂的，委托方和受托方对所配制的中药制剂的质量分别承担相应责任。有的委员建议将"相应责任"修改为"连带责任"。

二审稿第三十一条第一款规定，医疗机构仅应用传统工艺配制的中药制剂品种，向所在地省级药品监督管理部门备案即可配制。有的委员建议进一步降低备案层级，修改为向"设区的市级"药品监督管理部门备案，并建议进一步合理调整备案制的前置条件，明确只需要对中药制剂大致成分进行备案，核心成分只需侧重备案功效及毒副作用即可。有的代表建议增加规定："经方制剂经医院学术委员会批准的，报当地卫生行政部门备案后即可生产使用。"

五、关于中医药人才培养

二审稿第三十四条规定，国家鼓励发展中医药师承教育。有的委员提出，带徒授业需要一套具体管理办法，建议将"鼓励"改为"支持"，并增加规定"具体办法由国务院中医药主管部门制定"。有的委员提出，什么级别的中医医师可以带徒授业，以及"经多年实践医术确有专长"如何认定等方面应当明确一些硬性要求，以利于规范发展师承教育。有的委员提出，中医师承教育作为中医药专业技术人员培养的重要途径，国家应制定办法认可师承教育的成果和人员。

二审稿第三十五条第二款规定，国家鼓励开展中西医结合教育，培养高层次的中西医结合人才。有的委员提出，何为"高层次”不明确，建议删除。

二审稿第三十六条第一款规定，中医药主管部门应当加强对城乡基层医务人员中医药基本知识和技能的培训。有的委员提出，培训的层级不应限于“城乡基层”，建议将“城乡基层”修改为“医疗机构”。

二审稿第三十七条规定，国家运用现代科学技术和传统中医药研究方法，开展中医药科学研究。有的委员建议将“现代科学技术”修改为“现代医学、其他科学技术”，以呼应总则中“中西医结合”的规定。

有的委员提出，中医药人才培养应当有人才专项计划。

六、关于中医药科学研究

有的委员建议将第五章、第六章合并为新的一章“中医药科学研究及传承”。

二审稿第三十八条第二款规定，国家鼓励组织和个人捐献有科学研究和临床应用价值的中医药文献、秘方、验方、诊疗方法和技术。有的委员建议出台具体政策，包括管理机构、机制以及宣传措施等，切实推进该项工作。有的委员建议增加规定“并给予相应的报酬或奖励”。

二审稿第三十九条规定，国家建立和完善符合中医药特点的科学技术创新体系、评价体系和管理体制，推动中医药科学技术进步与创新。有的委员建议将“科学技术创新体系”修改为“中医药创新体系”。

二审稿第四十条规定，国家采取措施，加强对中医药基础理论和辨证论治方法、重大疾病的中医药防治，以及其他对中医药科学技术进步有重大促进作用的项目的科学研究。有的委员建议将“对中医药科学技术进步有重大促进作用”修改为“对中医药理论和实践进步有重大促进作用”。有的代表建议在“辨证论治方法”后增加“诊疗技术”。

七、关于中医药传承与文化传播

二审稿第四十二条第一款规定，国家保护中医药传统知识，建立中医药传统知识保护数据库、保护名录，完善保护制度。有的委员建议将“保护中医药传统知识”修改为“建立中医药传统知识的保护制度”。有的委员建议修改为：“国家保护中医药传统知识，建立中医药传统知识保护制度，完善中医药传统知识数据库和保护名录。”

八、关于保障措施

二审稿第四十三条、第四十四条中规定了中医药养生。有的委员提出，不应当专门强调“中医药养生”，建议将“养生”修改为“科普”。有的代表建议将“中医药养生”改为“中医药养生保健”。

二审稿第四十五条第一款规定，县级以上人民政府应当为中医药事业发展提供政策支持和条件保障，将中医药事业发展经费纳入本级财政预算。有的委员和代表建议进一步强化政府及其相关部门在规划、投入、补偿及医保等方面的责任，明确中医药事业发展经费投入不得低于本级财政卫生事业经费的1/3。有的代表建议增加“中医药经费实行单列”的规定。

二审稿第四十五条第二款规定，中医药主管部门应当参与药物政策等医药卫生政策的制定工作。有的委员建议将相应内容修改为：“邀请中医药主管部门参与有关政策的制定工作”。有的代表建议删除这一规定。

二审稿第四十六条规定，县级以上地方人民政府有关部门应当按照国家规定，将符合条件的中医医疗机构纳入基本医疗保险定点医疗机构范围，将符合条件的中医诊疗项目、中药饮片、中成药和医疗机构中药制剂纳入基本医疗保险基金支付范围。有的委员提出，应当关注解决少数民族医药难以纳入基本医疗保险支付范围的问题。有的委员提出，应当鼓励将价廉物美、治疗效果好的中医药纳入基本医疗保险基金支付范围，并公开有关目录。有的委员建议通过一定级别的中医药主管部门考核认定的方式来确定医疗机构是否纳入医保定点范围。有的同志建议删掉“定点医疗机构”的表述，因为国务院已经取消了基本医疗保险定点医疗机构资格审查。

二审稿第四十七条第一款规定，国家加强中医药标准体系建设，根据中医药特点对需要统一的技术要求制定标准并及时修订。有的委员提出，不仅要考虑统一的技术要求，还要注意质量、安全等多方面的要求。有的委员建议在“中医药标准体系建设”后面增加“和规范化生产管理”。有的委员建议增加地方标准和企业标准制定和备案的规定。有的委员建议在“标准体系”前面增加“技术”。有的委员建议发展中医药特色的标准体系。有的委员提出，中医标准化很困难，建议把“医”字删掉。

二审稿第四十七条第三款规定，国家推动建立中医药国际标准体系。有的委员提出，无论国内、国际都应当是一个中医药标准，建议删除该款规定。

有的常委会组成人员和列席人员提出，应当建立符合中医药特点的价格体系和薪酬制度，体现中医技术劳务价值。

有的委员、代表建议增加规定：“国家完善中医药监督执法体系，各级卫生监督机构在卫生行政和中医药主管部门指导下，负责医疗机构中医医师和中医类医疗机构执业活动的监督管理工作，配备专职中医药监督执法人员，加强中医药监督执法业务培训，鼓励有条件的地区建立中医监督执法机构或部门。”

有的委员建议增加将中医药文化知识纳入中小学课程体系的内容。有的委员提出，应当将疗效确切并且广泛认可的中医药特色疗法，纳入临床等诊疗规范和医学教材。

有的委员建议对保障中西医结合单独增加一条规定："中西医结合医学是中医药学领域的分支学科，在国际结合医学中具有引领性。""中西医结合是我国的医学特色，是促进中医药现代化的必要途径，国家应加大对中西医结合专业的支持力度，保障中西医结合学科的发展。"

有的代表建议增加一条规定："国家加强中医药对外交流合作，积极推进中医药海外发展，支持发展中医药国际贸易，推进中医药国际教育交流合作，扩大中医药文化的国际影响力。"

九、关于法律责任

有的委员和代表建议加大处罚力度，严厉打击假冒中医、夸大宣传、违法生产经营中药等违法行为。

二审稿第五十条规定了县级以上中医药主管部门等未履行本法规定职责的法律责任。有的委员和代表建议增加"并对其主要负责人进行责任约谈"的规定。有的委员建议将"直接负责的主管人员"修改为"直接负责人和主管责任人"。

有的委员建议对境外盗窃我国濒危中药材种苗和中医药知识产权的行为，制定惩处措施。

十、关于附则

二审稿第五十七条规定，民族自治地方可以制定促进本地方中医药事业发展的办法。有的委员建议将"中医药"修改为"民族医药"。有的委员建议在"中医药事业"后增加规定"特别是民族医药发展的办法"。

十一、其他

1. 有的委员建议立法进一步体现最近召开的全国卫生与健康大会的精神，特别是有关中医药传承与发展的要求。

2. 有的代表建议对"重视中医学术流派传承"作出规定。

十二届全国人大常委会第二十五次会议审议中医药法草案三次审议稿的意见

2016年12月19日下午，十二届全国人大常委会第二十五次会议对中医药法草案三次审议稿（以下称三审稿）进行了审议。现将审议意见简报如下：

一、总的意见

常委会组成人员普遍认为，三审稿充分吸纳了各方面的意见建议，坚持规范与扶持并重，大力扶持中医药事业发展，充分发挥中医药在医药卫生事业中的作用，同时，进一步规范中医药从业行为，保障医疗安全和中药质量，已经修改得比较成熟，赞成本次常委会会议表决通过。

二、具体意见

（一）关于总则

有的委员建议将三审稿第一条中的“人体”修改为“人民”。有的委员建议把中医药法作为基本法来立，在“制定本法”前增加“依据宪法关于国家发展现代医药和我国传统医药的规定”的表述。有的委员建议在“制定本法”前增加规定“根据宪法及相关法律”。有的委员建议增加“为了继承和弘扬中医药理论和中医医疗技艺，保护和促进人体健康”的内容。有的代表建议增加“为了继承和弘扬中国传统文化”的内容。

有的委员建议在三审稿第二条“具有独特理论和技术方法”前增加“具有悠久历史传统的”表述，以体现宪法精神，并将

“是包括汉族和少数民族医药在内的我国各民族医药的统称”调整到附则第六十条中作出规定。有的委员赞同把少数民族医药一并纳入中医药的统称。有的委员建议增加中医药是“在历史上形成的”表述。有的委员建议将“各民族医药”修改为“各民族传统医药”。有的委员建议明确中医药是中华民族对生命、健康和疾病的“特有”认识。有的委员建议明确中医药“是中华民族传统医药的统称，是中华民族传统文明的重要构成部分”。有的委员建议将“独特理论”修改为“独特辨证理论”。有的委员建议将“医药学体系”修改为“医药体系”。有的委员建议将“具有独特理论和技术方法的医药学体系”修改为“具有独特理论、技术和资源的医药体系”。

有的委员建议将毛泽东同志提出的“中医药是一个伟大的宝库”等论述补充在三审稿第三条第一款。有的委员建议在第三条第一款“充分发挥中医药”后增加“和中西医结合”。有的委员建议增加规定：“中医药独特理论和技术方法已经过中华民族数千年实践的检验，并在国际上得到较广泛的传播和使用，国家不支持并制止诋毁或者从根本上损害中医药独特理论及其技术方法体系的行为”，并增加相应的法律责任。有的代表建议删掉“实行中西医并重的方针”。

有的委员建议在三审稿第三条第二款“运用现代科学技术”前增加“合理”。有的委员建议增加“遵循中医药基本原理”，“以继承保基础，用创新谋发展”的内容。

有的委员建议在三审稿第三条第三款“促进中西医结合”后增加“形成具有中国特色的医学体系”。有的委员建议将三审稿第十一条第一款中的“中医医疗机构”修改为“中医及中西医医疗机构”，同时将第十二条第一款中的“中医药科室”修改为“中医药及中西医结合科室”，将第三十八条中的“传统中医药研究方法”修改为“传统中医药及中西医结合研究方法”，将“中医药科学研究”修改为“中医药及中西医结合科学研究”，将第四十一条中的“中医药防治”修改为“中医药及中西医结合防治”。有些常委委员和代表提出，“中西医结合”的概念不清楚，将其作为发展方针要再斟酌，建议删去“促进中西医结合”的表述。有的委员建议根据全国卫生与健康大会精神，将本款修改为：“国家鼓励中医西医切实掌握各自学科的知识技能，发挥各自优势，推动中医药和西医药相互补充，协调发展。”

有的委员建议三审稿第四条明确，加快推动中医药产业发展，并进一步作出细化规定。有的委员建议将中医药纳入国民经济和社会发展规划的政府级别由“县级以上”修改为“省级以上”。

有的代表建议在三审稿第五条中明确“国务院其他有关部门”的具体职责。

有的委员建议将三审稿第七条“国家发展”修改为“国家积极发展”，并增加“传承中医药知识”的内容。

有的委员建议在三审稿第九条最后增加“推动中医药服务标准与产品质量标准走向世界”的规定。

（二）关于中医药服务

有的委员建议三审稿第十一条第一款中明确，对基层中医医疗机构发展给予有针对性的政策保障。

有的委员建议三审稿第十一条第二款明确，中医医疗机构内西医所占比例过高是否属于“改变中医医疗性质”；建议合并、撤销政府举办的中医医疗机构等除征求上一级中医药主管部门的意见外，还应征求上一级卫生行政部门的意见。

有的委员建议删除三审稿第十二条中“应当设置中医药科室”的规定。有的委员建议将“应当设置”中医药科室修改为

“可以设置”。

有的委员和代表建议在三审稿第十四条第一款增加规定：“中医医疗机构的类别及诊疗科目由国务院中医药主管部门拟订，报国务院卫生行政部门审核、发布。”

有的委员建议将三审稿第十四条第二款规定的中医诊所备案改为审批。有的委员建议在备案内容中增加“中医医疗设备”。

有的委员和代表建议在三审稿第十五条增加规定：“国家制定符合中医药特点和发展规律的中医医师管理制度。中医医师的执业规范由国务院中医药主管部门拟订，并报国务院卫生行政部门审核、发布。”有的代表建议增加规定：“中医医师根据临床需要，经培训、考核合格后可以使用与自己专业相关的现代诊疗技术和方法。”

有的委员建议进一步体现对中医药一技之长、一药之长的保护，删去三审稿第十五条第二款中“由至少两名中医医师推荐”才能参加考核的规定。有的委员建议将由省级中医药主管部门组织考核修改为“设区的市级”。有的委员提出，第十五条及第十七条对从事中医医疗活动的人员和开展中医药服务的要求过严，建议研究修改。有的委员建议增加可以通过考核取得中药师资格的规定。有的委员建议将该款修改为：“以师承方式学习中医药或者经多年实践确有专长的人员，提供师承关系证明并经县级中医药管理部门审核后，即可分别参与由省级、设区的市级、县级中医药管理部门组织的实践技能和效果考核，考核合格者可取得所参加考试的相应等级的行政区域内的中医医师资格。需要异地流动的应向流入地中医药管理部门申请核准。中药人员参照此条办理。”有的委员建议对通过考核方式取得医师资格人员，在考核内容中增加中医药基础理论知识的规定。有的委员建议对该款再作研究，加大对相关人员的监管力度。

有的委员建议将三审稿第十五条第三款中的“盲人”修改为“残疾人”。有的委员提出，该款规定无论是对保护中医传统的治疗医术，还是对盲人从事医疗按摩事业本身来说，都非常有意义。有的委员建议明确，是否只有盲人才可以从事医疗按摩服务。有的委员提出，只规定盲人医疗按摩有可能挂一漏万，建议再作研究。有的委员和代表建议对按摩、推拿、拔罐、刮痧等其他特色疗法的人员资格作出规定。有的委员提出，目前国家已制定盲人医疗按摩管理办法，建议本法不作规定。

有的委员建议将三审稿第十五条第二款、第三款中的“个人开业”修改为“个人执业”或者“个人经营”。

有的委员提出，三审稿第十六条第一款中“在医疗活动中采用现代科学技术方法的，应当有利于保持和发挥中医药特色和优势”含义不清，建议删去。有的委员建议将“现代科学技术方法”修改为“中西医结合方法”。有的委员和代表建议在第一款后增加规定：“国家鼓励西医学习中医，建立完善西医学习中医制度，西医医师经过相应的学习、培训和考核合格后，可以提供中医药服务。”

有的委员建议将三审稿第十六条第二款中“合理配备中医药专业技术人员”修改为“合理配备中医药全科医生”。

有的委员建议在三审稿第十七条后增加一条规定：“国家建立完善重大疑难疾病中西医临床协作机制和模式，开展重大疑难疾病中西医联合攻关，提升中西医结合服务能力。”

有的代表建议在三审稿第十八条第一款“中医药预防”后增加“防疫”。有的委员建议将第三款中的“理论和技术方法”修改为“理论、技术和治疗方法。”

有的同志提出，三审稿第十九条中的中医医疗广告审批管理难以操作，建议斟酌。有的委员建议将该条中的审批部门由省级调整为设区的市级。

（三）关于中药保护与发展

有的委员建议在三审稿第二十一条中明确“国家建立中药材和中医药技术标准体系和质量监督体系”。有的委员建议将“技术标准”修改为“技术规范”。有的委员建议进一步充实有关中药材质量监督管理的内容。

有的委员建议三审稿第二十二条中进一步严格中药材种植养殖管理。有的委员建议增加规定“禁止在养殖过程中过度使用饲料添加剂”。有的代表建议增加规定，禁止在中药材炮制过程中违法使用农药、添加剂等。有的代表建议在“等农业投入品”前增加“生长激素”。有的委员建议删去“农业投入品”的表述。有的委员建议增加“采取土壤污染防治措施，防止重金属污染”。有的委员建议将“支持中药材良种繁育”移至“规范化种植养殖”之后。

有的代表建议在三审稿第二十三条第一款“支持道地中药材品种选育”后增加“种植养殖”。

有的委员建议在三审稿第二十四条增加国务院药监部门应当切实加强中药管理的规定。有的代表建议将“国务院药品监督管理部门”修改为“各级药品监督管理部门”。有的代表建议充实县市监管力量，建立中药材信息公开制度，完善中药材质量监测制度。有的委员建议在第三款增加“标明中药材是否为转基因”的规定。

有的委员建议在三审稿第二十五条“鼓励发展人工种植养殖”后增加规定“合理利用野生动植物资源”。有的委员提出，该条规定的药用野生动植物资源种质基因库，与国家已经建立的植物和农作物资源种类基因库有交叉和重复，建议统筹考虑，避免重复建设。有的代表建议将开展珍贵、濒危药用野生动物的保护、繁育及“相关研究”修改为“相关替代研究”。

有的委员建议在三审稿第二十七条中“国家保护中药饮片”后增加规定“及外用药”。

有的委员建议在三审稿第二十八条增加规定医疗机构炮制中药饮片备案的程序和监管措施。有的代表建议将向药监部门备案的级别由“县级”修改为“省级”。

有的代表建议将草案三审稿第二十九条第二款关于国家保护传统中药加工技术的规定作为单独一条，并增加规定“国家对具有独特配方的中药制剂和具有独特生产工艺技术的中药制剂进行保护”。

有的代表提出，草案三审稿第三十条对生产“来源于古代经典名方的中药复方制剂”简化审批的规定应当慎重，建议仍提供临床安全性研究资料。有的委员建议将“生产符合条件的”明确限定为“生产非化学提取、分离和制剂工艺的中药复方制剂的”。有的代表建议增加规定“在不改变原有制剂剂型的前提下”。

有的代表建议慎重研究草案三审稿第三十二条中关于“仅应用传统工艺配制的中药制剂品种”采用备案制的规定。有的委员建议增加规定，加大对中医药传统工艺（拔火罐、针灸等）的开发利用。有的代表建议增加对“传统工艺”的解释。有的委员建议增加“对不良反应应当予以标注”的内容。有的委员建议增加监测发现中药制剂品种不良反应后的处理机制，以及相应的法律责任。有的委员建议将实行备案管理的中药制剂限定为“来自经典处方”且“仅应用传统工艺配制”的中药制剂品种。

（四）关于中医药人才培养

有的代表建议在三审稿第三十四条第一款“高等学校”后增加“科研院所”。

有的委员建议三审稿第三十五条中增加规定“国家关心和支持自学成才的中医药专业技术人才的成长”。有的委员建议将“国家发展”中医药师承教育修改为“国家允许”。

有的代表建议在三审稿第三十六条第一款增加规定“西医医师经相应培训合格，取得中西医结合资格的，可以开展中医药服务”。有的委员建议将该条第二款中的“鼓励开展”修改为“发展”。

有的委员建议增加一条规定：“国家支持和鼓励中医药高层次人才成长，选拔和培养国医大师”。

有的委员建议增加在医务人员中广泛推广有关中医药科学理论，并将中医药特色疗法纳入临床诊疗规范和医学教材的内容。

有的委员建议要充分发挥中医院校培养中医专业人才的特殊作用。

（五）关于中医药科学研究

有的委员建议将三审稿第三十八条中的“传统中医药研究方法”修改为“中医药理论方法”。

有的代表建议在三审稿第三十九条第一款增加对著名中医的问诊过程进行全程记录的规定。有的代表建议在“整理、研究和利用”前增加“挖掘”。

有的委员建议将三审稿第三十九条第二款有关国家鼓励捐献中医药文献、秘方等规定修改为：“国家依照知识产权保护的相关法律，采取激励机制，鼓励组织和个人分享有科学研究和临床应用价值的中医药文献、秘方、验方、诊疗方法和技术，制定措施保障提供分享的组织和个人的知识权益。”

有的代表建议在三审稿第四十条中明确科学技术评价体系包含中药的审评管理办法，以利于中药的发展。李世明委员认为该条与总则第八条表述有重复，建议修改。

有的委员建议对三审稿第四十一条中“辨证论治方法”的表述予以斟酌，并在慢性病后增加“退行性疾病”。

（六）关于中医药传承与文化传播

有的委员建议将三审稿第四十二条关于由省级以上中医药主管部门遴选中医药学术传承项目的规定修改为：“遴选中医药学术传承项目的办法由国务院中医药主管部门负责制定，效果评价和监管由省级中医药主管部门负责组织。”有的代表建议在作为遴选标准的“中医药理论”后增加“中医药学派”。

有的委员建议将三审稿第四十三条第三款中的“国家秘密”修改为“具有重要科学技术价值或者重要商业价值的国家秘密”。

有的委员建议按照习近平总书记在全国卫生与健康大会上的讲话精神，将三审稿第四十四条中的“发展中医养生保健服务”修改为“努力实现中医药健康养生文化的创造性转化、创造性发展”。

有的委员建议在三审稿第四十五条中明确把中医药知识普及工作作为各级政府的一项重要公益性事业，并对支持政策作出细化规定。

有的委员建议增加规定：“中医药知识产权的权利主体是国家”。

（七）关于保障措施

有的代表建议三审稿第四十八条将中药材价格管理问题也列入合理定价的范围。

有的委员建议将三审稿第五十条第一款修改为：“国家加强中医药标准体系建设，根据中医药特点，对需要统一的技术要求和管理准则制定强制性或示范性的技术标准和管理规范并及时修订。”

有的委员建议三审稿第五十二条进一步增加扶持少数民族医药发展的具体措施和政策。有的代表建议将该条移至第六章“中医药传承与文化传播”中规定。

（八）关于法律责任

有的委员建议对使用剧毒、高毒农药等违反中药材质量监督管理的禁止性行为，规定相应的法律责任。

有的委员建议对违反三审稿第四十六条规定的虚假、夸大宣传行为规定相应的法律责任。

有的委员建议在三审稿第五十六条中增加歧视、阻碍中医药人员提供中医药服务的法律责任，并在第十二条第二款中增加“尊重中医药医务人员”的要求。

有的委员建议删去三审稿第五十四条至第五十七条中“违反本法规定”的表述。有的委员提出，第五十四条和第五十五条关于中医诊所、中医医师的法律责任过重，对中医限制过多。

有的代表建议在三审稿第五十八条增加“没收违法所得”等行政处罚和有关损害赔偿的规定。

有的代表建议增加规定名不副实的中医养生保健服务的法律责任。

（九）关于附则

有的委员建议在三审稿第六十条有关民族自治地方制定本地方少数民族医药事业发展的办法的规定中增加“切实加强监管”的内容。有的委员建议将“民族自治地方”修改为“民族区域自治地方”，将“本地方”修改为“本地区”。

（十）其他

1. 有的委员提出，应当把中医药法的调整范围限制在授予资质和许可的范围内，对民间偏方和一招鲜等民间中医问题不作规定。

2. 有的委员建议规定“研究制定适宜的中医医疗事故评判体系”，增加中医医疗纠纷处理程序方面的规定。

3. 有的代表建议增加规定：“国家鼓励和支持中医药企业产业的整合、重组，做大做强”。有的委员建议增加规定，县级以上有条件的地方应当为中药材销售提供市场。

4. 有的代表建议延缓著名中医退休年龄。

5. 有的代表建议增加规定“国家扶持发展中医器具”，并建议将“中医器具”写入三审稿第二条的定义中。

6. 有的委员建议加快儿科、妇科、骨伤科中医师的培养。

中医药法草案向社会公众征求意见的情况

2015年12月，第十二届全国人大常委会第十八次会议对中医药法（草案）进行了初次审议。12月30日至2016年1月29日，全国人大常委会通过中国人大网公布中医药法（草案），征求社会公众的意见，共收到13290位网民的32487条意见和65封群众来信，现将主要意见简报如下：

一、总的意见

公众普遍认为，制定中医药法很有必要，对继承和发展中医药事业具有重要意义。草案降低中医诊所和中医从业人员的准入门槛，体现了对中医的保护，对于发展中医事业有着积极意义，建议中医药法尽快通过。

有的意见提出，本法对中医药的发展虽有促进作用，但对中医药发挥自身特色的支撑力度还不够，建议进一步修改完善。有些意见提出，目前，中医药发展有逐渐萎缩没落的趋势，建议要加大政府对中医药事业的支持力度。

有些意见提出，本法的立足点应是“保护”，不是“管理”。政府对中医药的发展，不应大包大揽，应该把权责下放到民间，靠社会力量自觉管理，多给中医一些发展的空间，不要设太多的条条框框。有些意见提出，应注重发挥各类中医药组织的作用，鼓励民间组织对中医药进行监督管理。

有些意见提出，我国宪法规定“发展现代医药和我国传统医药”，“中医药法”的名称与宪法的规定不一致，建议将法名修改为“传统医药法”或“中华医药法”。有些意见提出，中医药只是中国医药的一个组成部分，不能代替少数民族医药在内的各民族医药，应该充分尊重各民族医药独立诉求，建议修改为“民族医药法”或“中医药和民族医药法”；同时，建议对草案第二条的中医药的定义作相应修改。有些意见提出，中医治病不仅靠“中药”，还包括针灸、砭石、按摩等，建议将“中医药法”改为“中医法”。

二、具体意见

（一）关于总则

草案第一条规定了本法的立法目的。有的意见建议增加“根据宪法，制定本法”的内容。

草案第三条第一款规定，国家实行中西医并重的方针，鼓励中医西医相互学习，促进中西医结合。有些意见提出，中西医理念不同，方法不同，各有所长，很难融合。“中西医结合”的提法容易引起歧义，认为是将中医西化，建议删去。有的意见提出，中西医结合互补是未来发展方向，应在法中予以明确，但应对“中西医结合”的涵义、内容作更加具体的规定。

草案第三条第二款规定，运用现代科学技术，推进中医药现代化，建立符合中医药特点的管理制度。有些意见提出，“中医药现代化”的表述容易造成误导，理解为是对中医药传统原创的舍弃，是让中医西化，建议删去“中医药现代化”。有的建议将“符合中医药特点”改为“符合中医药发展规律”。

草案第四条第二款规定，国家支持中医药的对外合作。有的意见提出，在进行对外合作的同时，必须保护好中医自己的特点。

草案第五条规定了中医药管理体制。有些意见提出，中医药事业，涉及文化、卫生、教育、科技、农业、工业等多部门，应明确各部门的具体职责，建立各部门之间的协作机制，避免多龙治水。有些意见提出，应成立独立的、专门的中医药管理部门，以确保中医药的传承和发展。

有的建议增加对在中医药事业中做出显著贡献的单位和个人给予奖励的规定。

（二）关于中医药服务

草案第六条第一款规定，中医医疗机构建设应当纳入医疗机构设置规划。有的建议中医诊所不应受规划的限制。

草案第七条规定，国家支持社会力量举办中医医疗机构。有的意见提出，民营中医医疗机构鱼龙混杂，不能完全放开，建议对社会力量举办的中医医疗机构制定比较规范的准入标准。

草案第八条第一款规定，从事中医医疗活动的人员应依法取得中医医师资格；以师承方式学习中医或者经多年实践医术确有专长的人员，经省级中医药主管部门组织实践技能及效果考核合格后即可取得中医医师资格。有的意见提出，这一规定是对中医人才的保护和鼓励，让中医从业人员看到了希望。有的意见提出，"师承方式"和"确有专长"如何认定，建议明确具体的评判标准。有的建议适当放宽中医医师的准入门槛。有的意见提出，中医千人千方，技能考核缺乏统一标准，通过实践技能考核即可取得中医医师资格，存在人为操作空间，建议删去。有的意见提出，中医医师资格考试应放开，不应照搬西医考试的模式。有的建议本法明确中医医师、中西医结合医师的执业范围。

草案第八条第二款规定，国务院中医药主管部门应当根据中医药技术方法的安全风险拟订分类考核办法，报国务院卫生行政部门审核、发布。有的意见提出，拟定安全风险分类考核办法，应是中医药主管部门的职责，报卫生行政部门审核发布，将导致权责分离，建议修改。

草案第九条规定了举办中医医疗机构的条件，规定设置中医诊所，只需进行备案即可。有些意见提出，目前对中医医疗机构的管理模式都是按照西医医疗机构的管理模式进行，阻碍了中医的发展，建议建立符合中医药特点的中医医疗机构管理制度。有些意见提出，个人开办中医诊所、药房的，国家应给予鼓励支持，降低开办的门槛，简化审批程序。有的意见提出，从事诊疗活动，涉及患者的生命与健康，不赞成将中医诊所改为备案制。有些意见提出，对中医诊所不应限制诊疗范围和执业范围。

草案第十一条规定，开展中医药服务，应当以中医药理论为指导。有的意见提出，一些民间中医，在中医某个领域有实际专长，但却不懂中医药理论，无法以中医药理论为指导。

（三）关于中药发展

草案第十五条第一款规定，国家保护药用野生动植物资源。有的意见提出，中药涉及野生动植物资源的，除遵守本法规定外，还要遵守野生动物保护法、环境保护法等，必须坚持以保护野生动植物资源为先决条件，利用和开发为辅助的原则。

草案第十六条规定，国家建立道地中药材评价体系。有的意见提出，目前对中药材多是用化学成分来衡量中药材质量，忽视了中药材的阴阳本质，不符合中药材的特性，建议研究。有的意见提出，不光是对道地中药材有评价体系，应对所有的中药材建立评价体系。

草案第十八条规定，具备中药材知识和识别能力的乡村医生、中医医师，可以自种、自采地产中药材并在其执业活动中使用。有些意见提出，自种、自采的中药材无法保障质量和疗效，可能会对患者造成伤害，建议删去此规定。有些意见提出，对“具备中药材知识和识别能力的乡村医生、中医医师”是否有考核标准，如何认定，建议明确。同时提出，“自种、自采地产中药材”应有限定名录或推荐名录，一些有毒性的中药材种植是实行管制的，如麻黄，建议研究。

草案第十九条规定，国家保护中药饮片传统炮制技术和工艺，鼓励运用现代科学技术开展中药饮片炮制技术研究。有的意见提出，运用现代科技研究中药炮制本身没错，但其不是真正意义上的中医药行为，不应写入本法。有的建议修改为“鼓励在中医药理论指导下，研究和创新炮制技术”。

草案第二十条规定了医疗机构炮制中药饮片的要求。有的意见提出，一个药品的开发，需经过多年的研究和试验才能使用，本条规定仅根据医师处方需要，医疗机构就可以炮制、使用，过于随意，建议删去此规定。有的意见提出，该条规定的“市场上没有供应的中药饮片”，在认定上存有歧义，建议明确含义。有的意见提出，应建立中药饮片加工炮制的准入制度。

草案第二十二条第三款规定，医疗机构仅应用传统工艺配制的中药制剂品种实行备案制。有的意见提出，对应用传统工艺配制的中药制剂品种，应完全放开，无需备案。有的意见提出，中药制剂涉及人体健康，应严格监管，实施备案应慎重。

有的建议将第三章章名改为“中药的保护、发展和利用”。

有些意见提出，中药材的采集加工应有一套严苛的规章流程，从野外到药柜，采收加工和切片炮制都必须有合格的专业技术人员来操作，这样才可以保障药品的疗效，建议增加相关规定。

（四）关于人才培养

草案第二十三条规定，国家发展中医药教育，鼓励开展高层次的中西医结合教育。有些意见提出，中医院校在招生上应根据中医人才培养的特殊需要，增加从小学中医、具备中医特长学生的自主招生比例。有的建议将中医药基本知识纳入中小学课程教育。有的建议删去“鼓励开展高层次的中西医结合教育”的规定。

草案第二十五条第二款规定了中医药学校教育。有的建议改革中医学科体系设置，按照中医学的内涵重新构建中医学的学科体系。

草案第二十六条规定，国家鼓励中医医师、中药专业技术人员带徒授业。有的意见提出，中医人才除了通过师承方式学习，有些是通过自学而掌握中医知识，建议恢复中医自学考试制度，建立多种渠道培养中医人才的模式。

（五）关于继承创新与文化传播

草案第二十九条规定，国家保护中医药传统知识。有些意见建议增加中医药知识产权保护的内容。有的意见建议明确国家建立中医药传统知识保护名录数据库。有的意见提出，国家应加强对民间传统处方的保护，并对提供者给予奖励。

草案第三十条规定，对具有重要学术价值的中医药理论和技术方法，省级以上中医药主管部门应当组织遴选本行政区域内的中医药学术传承项目和传承人。有的意见提出，省级以上主管部门组织遴选难度太大，建议下放至地市级或县级。

（六）关于保障措施

草案第三十三条规定，县级以上人民政府应当为中医药事业发展提供政策支持和条件保障。有的意见提出，应将中医药事业发展纳入国民经济发展规划。

草案第三十四条规定，有关部门应当将符合条件的中医医疗机构纳入基本医疗保险定点医疗机构范围，将符合条件的中医诊疗项目等纳入基本医疗保险基金支付范围。有些意见提出，医保政策上应对中西医平等对待。有的意见提出，符合条件的中医医疗机构是否包含中医诊所，建议明确。

草案第三十五条规定，国家加强中医药标准体系建设。有些意见提出，现代药典规定的标准，束缚了中医用药手脚，不符合中医用药的习惯，让中医完全按照药典规定的用量开具处方是不科学的，建议定期修订完善中医药标准体系。有的意见提出，中医药标准体系的建设应该以中医药理论和中医原创思维为指导，避免用西药标准评价和管理中药。有的意见提出，中医不同于西医之处就在于有不同的传承和流派，讲求因人因地治疗，如果完全标准化，就限制了中医的思维，不利于中医药发展，会抹杀中医自身的特色。

草案第三十六条规定，开展法律、行政法规规定的与中医药有关的评审、评估、鉴定活动，应当成立中医药评审、评估、鉴定的专门组织或者有中医药专家参加。有些意见提出，中医药评价体系西化导致了中医特色与优势的严重退化，中医药有其自身的特点，应有独立的评判体系。

草案第三十七条规定，国家采取措施，加大对少数民族医药传承创新、应用发展和人才培养的扶持力度。有的意见提出，本法第二条规定中医药包括了少数民族医药，本条无需再作特别规定。

（七）其　他

1. 有些意见建议加大对中医药违法行为的处罚力度。

2. 有的意见提出，目前，中药材种植养殖过程中滥用农药的情况严重，使药材的药性发生变化，影响了中药材的质量和安全，建议对此种行为规定相应的法律责任。

3. 草案第四十四条规定，中医药的管理，本法未作特别规定的，依照执业医师法、药品管理法等相关法律、行政法规的规定执行。有的意见提出，执业医师法、药品管理法的一些规定从实践看制约了中医药的继承和发展，如果本法还继续适用两法的规定，将无法解决中医药发展过程中的实际问题。

4. 有的建议将盲人按摩从业人员纳入本法调整。

5. 有的建议对中医医疗事故的认定、处置方式进行规范。

6. 有的建议增加保护中医药从业人员权益的规定。

中医药法草案二次审议稿向社会公众征求意见的情况

2016年8月，第十二届全国人大常委会第二十二次会议对中医药法（草案二次审议稿）进行了审议。9月6日至10月5日，全国人大常委会通过中国人大网公布中医药法（草案二次审议稿），征求社会公众的意见，共收到1298位网民的2951条意见和20封群众来信。现将主要意见简报如下：

一、总的意见

很多意见提出，二审稿修改得比较好，建议尽快通过、颁布实施。有的建议立法应着眼于中医药的保障和促进，减少一些具有行政管理色彩的表述，为中医发展松绑。

有的意见提出，中医有自己的特点，不应一律适用执业医师法的有关规定，可以考虑另行制定中医医师执业法。有的意见提出，以管西医的方法管中医，只能使中医的路越走越窄，建议改变以管理西医的思路来管理中医的做法，建立适应中医发展需求的制度。

有的建议对法名进行更加深入的研究。有的建议将法名修改为“传统医药法”、“中医药和民族医药法”。

二、关于总则

二审稿第一条规定，为了继承和弘扬中医药，保障和促进中医药事业发展，保护人体健康，制定本法。有的建议增加“保障人人享有医疗服务的权利”。有的建议增加“根据宪法”的表述。有的建议将“人体健康”改为“身心健康”。

二审稿第三条第三款规定了中西医结合。有的意见提出，“中西医结合”的提法不准确，建议修改为“中医西医相互补充、协调发展”。

二审稿第五条规定了中医药管理体制。有的意见提出，中医药主管部门应当从卫生计生系统独立出来。有的意见提出，中医药管理不仅仅是中医药主管部门的事，卫计委也应承担一定的监管职责。

二审稿第八条规定，国家支持中医药科学研究和技术开发。有的建议明确中医药科研应当“在继承中医药传统理念和技术的基础上”进行。

三、关于中医药服务

二审稿第十一条第二款规定，合并、撤销政府举办的中医医疗机构或者改变其中医医疗性质，应当征求上一级中医药主管部门的意见。有的建议增加规定“社会影响重大的，应当征求省级中医药主管部门的意见；社会影响特别重大的，应当征求国务院中医药主管部门的意见”。

二审稿第十四条第二款规定，中医诊所应当将本诊所的诊疗范围、中医医师的姓名及其执业范围在诊所的明显位置公示，不得超出医疗范围开展医疗活动。有的意见提出，中医医师是全科的，不应区分执业范围，建议删去“不得超出医疗范围开展医疗活动”。有的建议将“诊疗范围”修改为“擅长诊疗范围”。有的建议增加“国家鼓励、支持举办中医诊所”。有的建议明确中医诊所应当由从事中医医疗活动的人员举办。有的意见提出，云南省出台了《关于做好中医药一技之长人员规范管理有关工作的通知》，对通过考试取得乡村医生执业证书的，纳入乡村医生管理；不愿纳入乡村医生管理的，可以在乡镇和村举办只提供传统诊疗服务的中医一技之长诊所，建议立法借鉴这一做法。

二审稿第十五条第一款规定，从事中医医疗活动的人员应当依照执业医师法的规定，通过中医医师资格考试取得中医医师资格，并进行执业注册。有的意见提出，中西医结合执业医师的执业范围是中西医结合，按照一些地方卫生主管部门的理解，这些医师只能在综合医院、中医院、中西医结合医院的中西医结合科执业，不能在西医科室和中医科室注册，这种片面的理解让中西医结合执业医师无法正常执业，建议立法解决这一问题。有的建议增加“中医技师资格”这一中医医师资格考试类别。有的意见提出，应当允许同时具有中医、西医资格的人员同时注册中医和西医，改变只能注册其中一种的现状。

二审稿第十五条第二款规定，以师承方式学习中医或者经多年实践医术确有专长的人员，由至少两名中医医师推荐，经实践技能和效果考核合格后，即可取得中医医师资格。有的建议明确具备推荐资格的中医医师应当是“具有副主任医师职称或 15 年以上从业经验”的医师。有的意见提出，要求“两名中医医师推荐”实践中容易滋生腐败，实践中也不易操作，建议删去。有的意见提出“实践技能和效果考核”主观性太强，缺乏统一标准，容易被滥用，现实中有人 20 多岁，就通过非法代理机构花费几万元钱通过了确有专长考试，建议对“经多年实践医术确有专长的人员”加以年龄限制。

有的意见提出，中医的根基在民间，应当进一步降低门槛、扩大中医医师入门途径。有的意见提出，凡有志于中医药事业者，均可参加省、自治区、直辖市人民政府中医药主管部门组织的考核，通过考核后允许注册执业，称为“岐黄学医师”，以区别于其他中医医师。有的意见提出，对于确有一技之长的人员，应实行专科专证制。

有的意见提出，根据2002年教育部、卫生部《关于举办高等医学教育的若干意见》，2002年10月以后，通过中医成人高考、自学考试的人不得报考执业医师，人为抬高了报考门槛，不利于中医人才培养和储备，建议允许通过中医成人高考、自学考试的人员参加中医医师资格考试。有的提出，中医自学考试为中医储备了大量人才，但近年来却停考了，建议恢复。

二审稿第十七条规定，开展中医药服务，应当以中医药理论为指导。有的意见提出，一些美容店打着中医养生保健的旗号，从事推拿、拔罐甚至针灸等服务，不安全、不规范，建议明确社会上的美容店等不得从事中医诊疗服务。

有的意见提出，目前中医药服务价格偏低，无法体现医务人员劳动价值，建议适当提高中医药服务价格，并扩大医保报销范围。

四、关于中药保护和发展

二审稿第二十二条规定了道地药材。有的意见提出，中药质量对于保障中医疗效非常关键，建议明确哪些产地的药材属于道地药材，并要求在道地药材上加贴统一防伪标志。

二审稿第二十五条规定，在村医疗机构执业的中医医师、具备中药材知识和识别能力的乡村医生，按照国家有关规定可以自种、自采地产中药材并在其执业活动中使用。有的意见提出，应当允许乡村医生以外的中医医师自种、自采地产中药材，建议将这一规定修改为“具备中药材知识和识别能力并经注册的中医师，按照国家有关规定可以自种、自采地产中药材并在其执业活动中使用”。

二审稿第二十九条规定，生产符合条件的来源于古代经典名方的中药复方制剂，在申请药品批准文号时，可以仅提供非临床安全性研究资料。有的意见提出，来源于古代经典名方的中药复方制剂未必真的有效，不经过临床实验难以验证药物毒副作用，建议删去这一规定。有的建议修改为“可以免交Ⅰ期临床试验资料”。有的意见提出，对疗效确切的当代制剂，在申请药品批准文号时，也应当允许仅提供非临床安全性研究资料。

五、其他意见

二审稿第五十六条规定，中医药的管理，本法未作规定的，适用执业医师法等的规定。有的意见提出，宪法是本法的母法，本法与执业医师法处于同一位阶。目前的表述容易让人误解为本法是执业医师法的下位法，建议删去。

二、相关规定

中华人民共和国药品管理法

（1984年9月20日第六届全国人民代表大会常务委员会第七次会议通过　2001年2月28日第九届全国人民代表大会常务委员会第二十次会议修订　根据2013年12月28日第十二届全国人民代表大会常务委员会第六次会议《关于修改〈中华人民共和国海洋环境保护法〉等七部法律的决定》第一次修正　根据2015年4月24日第十二届全国人民代表大会常务委员会第十四次会议《关于修改〈中华人民共和国药品管理法〉的决定》第二次修正）

目　　录

第一章　总　　则

第一条　为加强药品监督管理，保证药品质量，保障人体用药安全，维护人民身体健康和用药的合法权益，特制定本法。

第二条　在中华人民共和国境内从事药品的研制、生产、经营、使用和监督管理的单位或者个人，必须遵守本法。

第三条　国家发展现代药和传统药，充分发挥其在预防、医疗和保健中的作用。

国家保护野生药材资源，鼓励培育中药材。

第四条　国家鼓励研究和创制新药，保护公民、法人和其他组织研究、开发新药的合法权益。

第五条　国务院药品监督管理部门主管全国药品监督管理工作。国务院有关部门在各自的职责范围内负责与药品有关的监督管理工作。

省、自治区、直辖市人民政府药品监督管理部门负责本行政区域内的药品监督管理工作。省、自治区、直辖市人民政府有关部门在各自的职责范围内负责与药品有关的监督管理工作。

国务院药品监督管理部门应当配合国务院经济综合主管部门，执行国家制定的药品行业发展规划和产业政策。

第六条　药品监督管理部门设置或者确定的药品检验机构，承担依法实施药品审批和药品质量监督检查所需的药品检验工作。

第二章　药品生产企业管理

第七条　开办药品生产企业，须经企业所在地省、自治区、直辖市人民政府药品监督管理部门批准并发给《药品生产许可证》。无《药品生产许可证》的，不得生产药品。

《药品生产许可证》应当标明有效期和生产范围，到期重新审查发证。

药品监督管理部门批准开办药品生产企业，除依据本法第八条规定的条件外，还应当符合国家制定的药品行业发展规划和产业政策，防止重复建设。

第八条　开办药品生产企业，必须具备以下条件：

（一）具有依法经过资格认定的药学技术人员、工程技术人员及相应的技术工人；

（二）具有与其药品生产相适应的厂房、设施和卫生环境；

（三）具有能对所生产药品进行质量管理和质量检验的机构、人员以及必要的仪器设备；

（四）具有保证药品质量的规章制度。

第九条　药品生产企业必须按照国务院药品监督管理部门依据本法制定的《药品生产质量管理规范》组织生产。药品监督管理部门按照规定对药品生产企业是否符合《药品生产质量管理规范》的要求进行认证；对认证合格的，发给认证证书。

《药品生产质量管理规范》的具体实施办法、实施步骤由国务院药品监督管理部门规定。

第十条　除中药饮片的炮制外，药品必须按照国家药品标准和国务院药品监督管理部门批准的生产工艺进行生产，生产记录必须完整准确。药品生产企业改变影响药品质量的生产工艺的，必须报原批准部门审核批准。

中药饮片必须按照国家药品标准炮制；国家药品标准没有规定的，必须按照省、自治区、直辖市人民政府药品监督管理部门制定的炮制规范炮制。省、自治区、直辖市人民政府药品监督管理部门制定的炮制规范应当报国务院药品监督管理部门备案。

第十一条 生产药品所需的原料、辅料，必须符合药用要求。

第十二条 药品生产企业必须对其生产的药品进行质量检验；不符合国家药品标准或者不按照省、自治区、直辖市人民政府药品监督管理部门制定的中药饮片炮制规范炮制的，不得出厂。

第十三条 经省、自治区、直辖市人民政府药品监督管理部门批准，药品生产企业可以接受委托生产药品。

第三章 药品经营企业管理

第十四条 开办药品批发企业，须经企业所在地省、自治区、直辖市人民政府药品监督管理部门批准并发给《药品经营许可证》；开办药品零售企业，须经企业所在地县级以上地方药品监督管理部门批准并发给《药品经营许可证》。无《药品经营许可证》的，不得经营药品。

《药品经营许可证》应当标明有效期和经营范围，到期重新审查发证。

药品监督管理部门批准开办药品经营企业，除依据本法第十五条规定的条件外，还应当遵循合理布局和方便群众购药的原则。

第十五条 开办药品经营企业必须具备以下条件：

（一）具有依法经过资格认定的药学技术人员；

（二）具有与所经营药品相适应的营业场所、设备、仓储设施、卫生环境；

（三）具有与所经营药品相适应的质量管理机构或者人员；

（四）具有保证所经营药品质量的规章制度。

第十六条 药品经营企业必须按照国务院药品监督管理部门依据本法制定的《药品经营质量管理规范》经营药品。药品监督管理部门按照规定对药品经营企业是否符合《药品经营质量管理规范》的要求进行认证；对认证合格的，发给认证证书。

《药品经营质量管理规范》的具体实施办法、实施步骤由国务院药品监督管理部门规定。

第十七条 药品经营企业购进药品，必须建立并执行进货检查验收制度，验明药品合格证明和其他标识；不符合规定要求的，不得购进。

第十八条 药品经营企业购销药品，必须有真实完整的购销记录。购销记录必须注明药品的通用名称、剂型、规格、批号、有效期、生产厂商、购（销）货单位、购（销）货数量、购销价格、购（销）货日期及国务院药品监督管理部门规定的其他内容。

第十九条 药品经营企业销售药品必须准确无误，并正确说明用法、用量和注意事项；调配处方必须经过核对，对处方所列药品不得擅自更改或者代用。对有配伍禁忌或者超剂量的处方，应当拒绝调配；必要时，经处方医师更正或者重新签字，方可调配。

药品经营企业销售中药材，必须标明产地。

第二十条 药品经营企业必须制定和执行药品保管制度，采取必要的冷藏、防冻、防潮、防虫、防鼠等措施，保证药品质量。

药品入库和出库必须执行检查制度。

第二十一条 城乡集市贸易市场可以出售中药材，国务院另有规定的除外。

城乡集市贸易市场不得出售中药材以外的药品，但持有《药品经营许可证》的药品零售企业在规定的范围内可以在城乡集市贸易市场设点出售中药材以外的药品。具体办法由国务院规定。

第四章　医疗机构的药剂管理

第二十二条　医疗机构必须配备依法经过资格认定的药学技术人员。非药学技术人员不得直接从事药剂技术工作。

第二十三条　医疗机构配制制剂，须经所在地省、自治区、直辖市人民政府卫生行政部门审核同意，由省、自治区、直辖市人民政府药品监督管理部门批准，发给《医疗机构制剂许可证》。无《医疗机构制剂许可证》的，不得配制制剂。

《医疗机构制剂许可证》应当标明有效期，到期重新审查发证。

第二十四条　医疗机构配制制剂，必须具有能够保证制剂质量的设施、管理制度、检验仪器和卫生条件。

第二十五条　医疗机构配制的制剂，应当是本单位临床需要而市场上没有供应的品种，并须经所在地省、自治区、直辖市人民政府药品监督管理部门批准后方可配制。配制的制剂必须按照规定进行质量检验；合格的，凭医师处方在本医疗机构使用。特殊情况下，经国务院或者省、自治区、直辖市人民政府的药品监督管理部门批准，医疗机构配制的制剂可以在指定的医疗机构之间调剂使用。

医疗机构配制的制剂，不得在市场销售。

第二十六条　医疗机构购进药品，必须建立并执行进货检查验收制度，验明药品合格证明和其他标识；不符合规定要求的，不得购进和使用。

第二十七条 医疗机构的药剂人员调配处方，必须经过核对，对处方所列药品不得擅自更改或者代用。对有配伍禁忌或者超剂量的处方，应当拒绝调配；必要时，经处方医师更正或者重新签字，方可调配。

第二十八条 医疗机构必须制定和执行药品保管制度，采取必要的冷藏、防冻、防潮、防虫、防鼠等措施，保证药品质量。

第五章 药品管理

第二十九条 研制新药，必须按照国务院药品监督管理部门的规定如实报送研制方法、质量指标、药理及毒理试验结果等有关资料和样品，经国务院药品监督管理部门批准后，方可进行临床试验。药物临床试验机构资格的认定办法，由国务院药品监督管理部门、国务院卫生行政部门共同制定。

完成临床试验并通过审批的新药，由国务院药品监督管理部门批准，发给新药证书。

第三十条 药物的非临床安全性评价研究机构和临床试验机构必须分别执行药物非临床研究质量管理规范、药物临床试验质量管理规范。

药物非临床研究质量管理规范、药物临床试验质量管理规范由国务院确定的部门制定。

第三十一条 生产新药或者已有国家标准的药品的，须经国务院药品监督管理部门批准，并发给药品批准文号；但是，生产没有实施批准文号管理的中药材和中药饮片除外。实施批准文号管理的中药材、中药饮片品种目录由国务院药品监督管理部门会同国务院中医药管理部门制定。

药品生产企业在取得药品批准文号后，方可生产该药品。

第三十二条 药品必须符合国家药品标准。中药饮片依照本法第十条第二款的规定执行。

国务院药品监督管理部门颁布的《中华人民共和国药典》和药品标准为国家药品标准。

国务院药品监督管理部门组织药典委员会，负责国家药品标准的制定和修订。

国务院药品监督管理部门的药品检验机构负责标定国家药品标准品、对照品。

第三十三条 国务院药品监督管理部门组织药学、医学和其他技术人员，对新药进行审评，对已经批准生产的药品进行再评价。

第三十四条 药品生产企业、药品经营企业、医疗机构必须从具有药品生产、经营资格的企业购进药品；但是，购进没有实施批准文号管理的中药材除外。

第三十五条 国家对麻醉药品、精神药品、医疗用毒性药品、放射性药品，实行特殊管理。管理办法由国务院制定。

第三十六条 国家实行中药品种保护制度。具体办法由国务院制定。

第三十七条 国家对药品实行处方药与非处方药分类管理制度。具体办法由国务院制定。

第三十八条 禁止进口疗效不确、不良反应大或者其他原因危害人体健康的药品。

第三十九条 药品进口，须经国务院药品监督管理部门组织审查，经审查确认符合质量标准、安全有效的，方可批准进口，并发给进口药品注册证书。

医疗单位临床急需或者个人自用进口的少量药品，按照国家有关规定办理进口手续。

第四十条　药品必须从允许药品进口的口岸进口，并由进口药品的企业向口岸所在地药品监督管理部门登记备案。海关凭药品监督管理部门出具的《进口药品通关单》放行。无《进口药品通关单》的，海关不得放行。

口岸所在地药品监督管理部门应当通知药品检验机构按照国务院药品监督管理部门的规定对进口药品进行抽查检验，并依照本法第四十一条第二款的规定收取检验费。

允许药品进口的口岸由国务院药品监督管理部门会同海关总署提出，报国务院批准。

第四十一条　国务院药品监督管理部门对下列药品在销售前或者进口时，指定药品检验机构进行检验；检验不合格的，不得销售或者进口：

（一）国务院药品监督管理部门规定的生物制品；

（二）首次在中国销售的药品；

（三）国务院规定的其他药品。

前款所列药品的检验费项目和收费标准由国务院财政部门会同国务院价格主管部门核定并公告。检验费收缴办法由国务院财政部门会同国务院药品监督管理部门制定。

第四十二条　国务院药品监督管理部门对已经批准生产或者进口的药品，应当组织调查；对疗效不确、不良反应大或者其他原因危害人体健康的药品，应当撤销批准文号或者进口药品注册证书。

已被撤销批准文号或者进口药品注册证书的药品，不得生产或者进口、销售和使用；已经生产或者进口的，由当地药品监督管理部门监督销毁或者处理。

第四十三条　国家实行药品储备制度。

国内发生重大灾情、疫情及其他突发事件时，国务院规定的部门可以紧急调用企业药品。

第四十四条 对国内供应不足的药品，国务院有权限制或者禁止出口。

第四十五条 进口、出口麻醉药品和国家规定范围内的精神药品，必须持有国务院药品监督管理部门发给的《进口准许证》、《出口准许证》。

第四十六条 新发现和从国外引种的药材，经国务院药品监督管理部门审核批准后，方可销售。

第四十七条 地区性民间习用药材的管理办法，由国务院药品监督管理部门会同国务院中医药管理部门制定。

第四十八条 禁止生产（包括配制，下同）、销售假药。

有下列情形之一的，为假药：

（一）药品所含成份与国家药品标准规定的成份不符的；

（二）以非药品冒充药品或者以他种药品冒充此种药品的。

有下列情形之一的药品，按假药论处：

（一）国务院药品监督管理部门规定禁止使用的；

（二）依照本法必须批准而未经批准生产、进口，或者依照本法必须检验而未经检验即销售的；

（三）变质的；

（四）被污染的；

（五）使用依照本法必须取得批准文号而未取得批准文号的原料药生产的；

（六）所标明的适应症或者功能主治超出规定范围的。

第四十九条 禁止生产、销售劣药。

药品成份的含量不符合国家药品标准的，为劣药。

有下列情形之一的药品，按劣药论处：

（一）未标明有效期或者更改有效期的；

（二）不注明或者更改生产批号的；

（三）超过有效期的；

（四）直接接触药品的包装材料和容器未经批准的；

（五）擅自添加着色剂、防腐剂、香料、矫味剂及辅料的；

（六）其他不符合药品标准规定的。

第五十条 列入国家药品标准的药品名称为药品通用名称。已经作为药品通用名称的，该名称不得作为药品商标使用。

第五十一条 药品生产企业、药品经营企业和医疗机构直接接触药品的工作人员，必须每年进行健康检查。患有传染病或者其他可能污染药品的疾病的，不得从事直接接触药品的工作。

第六章 药品包装的管理

第五十二条 直接接触药品的包装材料和容器，必须符合药用要求，符合保障人体健康、安全的标准，并由药品监督管理部门在审批药品时一并审批。

药品生产企业不得使用未经批准的直接接触药品的包装材料和容器。

对不合格的直接接触药品的包装材料和容器，由药品监督管理部门责令停止使用。

第五十三条 药品包装必须适合药品质量的要求，方便储存、运输和医疗使用。

发运中药材必须有包装。在每件包装上，必须注明品名、产地、日期、调出单位，并附有质量合格的标志。

第五十四条 药品包装必须按照规定印有或者贴有标签并附有说明书。

标签或者说明书上必须注明药品的通用名称、成份、规格、生产企业、批准文号、产品批号、生产日期、有效期、适应症或者功能主治、用法、用量、禁忌、不良反应和注意事项。

麻醉药品、精神药品、医疗用毒性药品、放射性药品、外用药品和非处方药的标签，必须印有规定的标志。

第七章　药品价格和广告的管理

第五十五条　依法实行市场调节价的药品，药品的生产企业、经营企业和医疗机构应当按照公平、合理和诚实信用、质价相符的原则制定价格，为用药者提供价格合理的药品。

药品的生产企业、经营企业和医疗机构应当遵守国务院价格主管部门关于药价管理的规定，制定和标明药品零售价格，禁止暴利和损害用药者利益的价格欺诈行为。

第五十六条　药品的生产企业、经营企业、医疗机构应当依法向政府价格主管部门提供其药品的实际购销价格和购销数量等资料。

第五十七条　医疗机构应当向患者提供所用药品的价格清单；医疗保险定点医疗机构还应当按照规定的办法如实公布其常用药品的价格，加强合理用药的管理。具体办法由国务院卫生行政部门规定。

第五十八条　禁止药品的生产企业、经营企业和医疗机构在药品购销中账外暗中给予、收受回扣或者其他利益。

禁止药品的生产企业、经营企业或者其代理人以任何名义给予使用其药品的医疗机构的负责人、药品采购人员、医师等有关人员以财物或者其他利益。禁止医疗机构的负责人、药品采购人员、医师等有关人员以任何名义收受药品的生产企业、经营企业或者其代理人给予的财物或者其他利益。

第五十九条 药品广告须经企业所在地省、自治区、直辖市人民政府药品监督管理部门批准，并发给药品广告批准文号；未取得药品广告批准文号的，不得发布。

处方药可以在国务院卫生行政部门和国务院药品监督管理部门共同指定的医学、药学专业刊物上介绍，但不得在大众传播媒介发布广告或者以其他方式进行以公众为对象的广告宣传。

第六十条 药品广告的内容必须真实、合法，以国务院药品监督管理部门批准的说明书为准，不得含有虚假的内容。

药品广告不得含有不科学的表示功效的断言或者保证；不得利用国家机关、医药科研单位、学术机构或者专家、学者、医师、患者的名义和形象作证明。

非药品广告不得有涉及药品的宣传。

第六十一条 省、自治区、直辖市人民政府药品监督管理部门应当对其批准的药品广告进行检查，对于违反本法和《中华人民共和国广告法》的广告，应当向广告监督管理机关通报并提出处理建议，广告监督管理机关应当依法作出处理。

第六十二条 药品价格和广告，本法未规定的，适用《中华人民共和国价格法》、《中华人民共和国广告法》的规定。

第八章 药品监督

第六十三条 药品监督管理部门有权按照法律、行政法规的规定对报经其审批的药品研制和药品的生产、经营以及医疗机构使用药品的事项进行监督检查，有关单位和个人不得拒绝和隐瞒。

药品监督管理部门进行监督检查时，必须出示证明文件，对监督检查中知悉的被检查人的技术秘密和业务秘密应当保密。

第六十四条 药品监督管理部门根据监督检查的需要，可以对药品质量进行抽查检验。抽查检验应当按照规定抽样，并不得收取任何费用。所需费用按照国务院规定列支。

药品监督管理部门对有证据证明可能危害人体健康的药品及其有关材料可以采取查封、扣押的行政强制措施，并在七日内作出行政处理决定；药品需要检验的，必须自检验报告书发出之日起十五日内作出行政处理决定。

第六十五条 国务院和省、自治区、直辖市人民政府的药品监督管理部门应当定期公告药品质量抽查检验的结果；公告不当的，必须在原公告范围内予以更正。

第六十六条 当事人对药品检验机构的检验结果有异议的，可以自收到药品检验结果之日起七日内向原药品检验机构或者上一级药品监督管理部门设置或者确定的药品检验机构申请复验，也可以直接向国务院药品监督管理部门设置或者确定的药品检验机构申请复验。受理复验的药品检验机构必须在国务院药品监督管理部门规定的时间内作出复验结论。

第六十七条 药品监督管理部门应当按照规定，依据《药品生产质量管理规范》、《药品经营质量管理规范》，对经其认证合格的药品生产企业、药品经营企业进行认证后的跟踪检查。

第六十八条 地方人民政府和药品监督管理部门不得以要求实施药品检验、审批等手段限制或者排斥非本地区药品生产企业依照本法规定生产的药品进入本地区。

第六十九条 药品监督管理部门及其设置的药品检验机构和确定的专业从事药品检验的机构不得参与药品生产经营活动，不得以其名义推荐或者监制、监销药品。

药品监督管理部门及其设置的药品检验机构和确定的专业从

事药品检验的机构的工作人员不得参与药品生产经营活动。

第七十条 国家实行药品不良反应报告制度。药品生产企业、药品经营企业和医疗机构必须经常考察本单位所生产、经营、使用的药品质量、疗效和反应。发现可能与用药有关的严重不良反应，必须及时向当地省、自治区、直辖市人民政府药品监督管理部门和卫生行政部门报告。具体办法由国务院药品监督管理部门会同国务院卫生行政部门制定。

对已确认发生严重不良反应的药品，国务院或者省、自治区、直辖市人民政府的药品监督管理部门可以采取停止生产、销售、使用的紧急控制措施，并应当在五日内组织鉴定，自鉴定结论作出之日起十五日内依法作出行政处理决定。

第七十一条 药品生产企业、药品经营企业和医疗机构的药品检验机构或者人员，应当接受当地药品监督管理部门设置的药品检验机构的业务指导。

第九章 法律责任

第七十二条 未取得《药品生产许可证》、《药品经营许可证》或者《医疗机构制剂许可证》生产药品、经营药品的，依法予以取缔，没收违法生产、销售的药品和违法所得，并处违法生产、销售的药品（包括已售出的和未售出的药品，下同）货值金额二倍以上五倍以下的罚款；构成犯罪的，依法追究刑事责任。

第七十三条 生产、销售假药的，没收违法生产、销售的药品和违法所得，并处违法生产、销售药品货值金额二倍以上五倍以下的罚款；有药品批准证明文件的予以撤销，并责令停产、停业整顿；情节严重的，吊销《药品生产许可证》、《药品经营许可证》或者《医疗机构制剂许可证》；构成犯罪的，依法追究刑事责任。

第七十四条 生产、销售劣药的，没收违法生产、销售的药品和违法所得，并处违法生产、销售药品货值金额一倍以上三倍以下的罚款；情节严重的，责令停产、停业整顿或者撤销药品批准证明文件、吊销《药品生产许可证》、《药品经营许可证》或者《医疗机构制剂许可证》；构成犯罪的，依法追究刑事责任。

第七十五条 从事生产、销售假药及生产、销售劣药情节严重的企业或者其他单位，其直接负责的主管人员和其他直接责任人员十年内不得从事药品生产、经营活动。

对生产者专门用于生产假药、劣药的原辅材料、包装材料、生产设备，予以没收。

第七十六条 知道或者应当知道属于假劣药品而为其提供运输、保管、仓储等便利条件的，没收全部运输、保管、仓储的收入，并处违法收入百分之五十以上三倍以下的罚款；构成犯罪的，依法追究刑事责任。

第七十七条 对假药、劣药的处罚通知，必须载明药品检验机构的质量检验结果；但是，本法第四十八条第三款第（一）、（二）、（五）、（六）项和第四十九条第三款规定的情形除外。

第七十八条 药品的生产企业、经营企业、药物非临床安全性评价研究机构、药物临床试验机构未按照规定实施《药品生产质量管理规范》、《药品经营质量管理规范》、药物非临床研究质量管理规范、药物临床试验质量管理规范的，给予警告，责令限期改正；逾期不改正的，责令停产、停业整顿，并处五千元以上二万元以下的罚款；情节严重的，吊销《药品生产许可证》、《药品经营许可证》和药物临床试验机构的资格。

第七十九条 药品的生产企业、经营企业或者医疗机构违反本法第三十四条的规定，从无《药品生产许可证》、《药品经营许可证》的企业购进药品的，责令改正，没收违法购进的药品，并处违法购进药品货值金额二倍以上五倍以下的罚款；有违法所得的，没收违法所得；情节严重的，吊销《药品生产许可证》、《药品经营许可证》或者医疗机构执业许可证书。

第八十条 进口已获得药品进口注册证书的药品，未按照本法规定向允许药品进口的口岸所在地的药品监督管理部门登记备案的，给予警告，责令限期改正；逾期不改正的，撤销进口药品注册证书。

第八十一条 伪造、变造、买卖、出租、出借许可证或者药品批准证明文件的，没收违法所得，并处违法所得一倍以上三倍以下的罚款；没有违法所得的，处二万元以上十万元以下的罚款；情节严重的，并吊销卖方、出租方、出借方的《药品生产许可证》、《药品经营许可证》、《医疗机构制剂许可证》或者撤销药品批准证明文件；构成犯罪的，依法追究刑事责任。

第八十二条 违反本法规定，提供虚假的证明、文件资料、样品或者采取其他欺骗手段取得《药品生产许可证》、《药品经营许可证》、《医疗机构制剂许可证》或者药品批准证明文件的，吊销《药品生产许可证》、《药品经营许可证》、《医疗机构制剂许可证》或者撤销药品批准证明文件，五年内不受理其申请，并处一万元以上三万元以下的罚款。

第八十三条 医疗机构将其配制的制剂在市场销售的，责令改正，没收违法销售的制剂，并处违法销售制剂货值金额一倍以上三倍以下的罚款；有违法所得的，没收违法所得。

第八十四条 药品经营企业违反本法第十八条、第十九条规定的，责令改正，给予警告；情节严重的，吊销《药品经营许可证》。

第八十五条 药品标识不符合本法第五十四条规定的，除依法应当按照假药、劣药论处的外，责令改正，给予警告；情节严重的，撤销该药品的批准证明文件。

第八十六条 药品检验机构出具虚假检验报告，构成犯罪的，依法追究刑事责任；不构成犯罪的，责令改正，给予警告，对单位并处三万元以上五万元以下的罚款；对直接负责的主管人员和其他直接责任人员依法给予降级、撤职、开除的处分，并处三万元以下的罚款；有违法所得的，没收违法所得；情节严重的，撤销其检验资格。药品检验机构出具的检验结果不实，造成损失的，应当承担相应的赔偿责任。

第八十七条 本法第七十二条至第八十六条规定的行政处罚，由县级以上药品监督管理部门按照国务院药品监督管理部门规定的职责分工决定；吊销《药品生产许可证》、《药品经营许可证》、《医疗机构制剂许可证》、医疗机构执业许可证书或者撤销药品批准证明文件的，由原发证、批准的部门决定。

第八十八条 违反本法第五十五条、第五十六条关于药品价格管理的规定的，依照《中华人民共和国价格法》的规定处罚。

第八十九条 药品的生产企业、经营企业、医疗机构在药品购销中暗中给予、收受回扣或者其他利益的，药品的生产企业、经营企业或者其代理人给予使用其药品的医疗机构的负责人、药品采购人员、医师等有关人员以财物或者其他利益的，由工商行政管理部门处一万元以上二十万元以下的罚款，有违法所得的，予以没收；情节严重的，由工商行政管理部门吊销药品生产企业、药品经营企业的营业执照，并通知药品监督管理部门，由药品监督管理部门吊销其《药品生产许可证》、《药品经营许可证》；构成犯罪的，依法追究刑事责任。

第九十条 药品的生产企业、经营企业的负责人、采购人员等有关人员在药品购销中收受其他生产企业、经营企业或者其代理人给予的财物或者其他利益的，依法给予处分，没收违法所得；构成犯罪的，依法追究刑事责任。

医疗机构的负责人、药品采购人员、医师等有关人员收受药品生产企业、药品经营企业或者其代理人给予的财物或者其他利益的，由卫生行政部门或者本单位给予处分，没收违法所得；对违法行为情节严重的执业医师，由卫生行政部门吊销其执业证书；构成犯罪的，依法追究刑事责任。

第九十一条 违反本法有关药品广告的管理规定的，依照《中华人民共和国广告法》的规定处罚，并由发给广告批准文号的药品监督管理部门撤销广告批准文号，一年内不受理该品种的广告审批申请；构成犯罪的，依法追究刑事责任。

药品监督管理部门对药品广告不依法履行审查职责，批准发布的广告有虚假或者其他违反法律、行政法规的内容的，对直接负责的主管人员和其他直接责任人员依法给予行政处分；构成犯罪的，依法追究刑事责任。

第九十二条 药品的生产企业、经营企业、医疗机构违反本法规定，给药品使用者造成损害的，依法承担赔偿责任。

第九十三条 药品监督管理部门违反本法规定，有下列行为之一的，由其上级主管机关或者监察机关责令收回违法发给的证书、撤销药品批准证明文件，对直接负责的主管人员和其他直接责任人员依法给予行政处分；构成犯罪的，依法追究刑事责任：

（一）对不符合《药品生产质量管理规范》、《药品经营质量管理规范》的企业发给符合有关规范的认证证书的，或者对取得认证证书的企业未按照规定履行跟踪检查的职责，对不符合认证条件的企业未依法责令其改正或者撤销其认证证书的；

（二）对不符合法定条件的单位发给《药品生产许可证》、

《药品经营许可证》或者《医疗机构制剂许可证》的；

（三）对不符合进口条件的药品发给进口药品注册证书的；

（四）对不具备临床试验条件或者生产条件而批准进行临床试验、发给新药证书、发给药品批准文号的。

第九十四条 药品监督管理部门或者其设置的药品检验机构或者其确定的专业从事药品检验的机构参与药品生产经营活动的，由其上级机关或者监察机关责令改正，有违法收入的予以没收；情节严重的，对直接负责的主管人员和其他直接责任人员依法给予行政处分。

药品监督管理部门或者其设置的药品检验机构或者其确定的专业从事药品检验的机构的工作人员参与药品生产经营活动的，依法给予行政处分。

第九十五条 药品监督管理部门或者其设置、确定的药品检验机构在药品监督检验中违法收取检验费用的，由政府有关部门责令退还，对直接负责的主管人员和其他直接责任人员依法给予行政处分。对违法收取检验费用情节严重的药品检验机构，撤销其检验资格。

第九十六条 药品监督管理部门应当依法履行监督检查职责，监督已取得《药品生产许可证》、《药品经营许可证》的企业依照本法规定从事药品生产、经营活动。

已取得《药品生产许可证》、《药品经营许可证》的企业生产、销售假药、劣药的，除依法追究该企业的法律责任外，对有失职、渎职行为的药品监督管理部门直接负责的主管人员和其他直接责任人员依法给予行政处分；构成犯罪的，依法追究刑事责任。

第九十七条 药品监督管理部门对下级药品监督管理部门违反本法的行政行为，责令限期改正；逾期不改正的，有权予以改变或者撤销。

第九十八条 药品监督管理人员滥用职权、徇私舞弊、玩忽职守，构成犯罪的，依法追究刑事责任；尚不构成犯罪的，依法给予行政处分。

第九十九条 本章规定的货值金额以违法生产、销售药品的标价计算；没有标价的，按照同类药品的市场价格计算。

第十章 附 则

第一百条 本法下列用语的含义是：

药品，是指用于预防、治疗、诊断人的疾病，有目的地调节人的生理机能并规定有适应症或者功能主治、用法和用量的物质，包括中药材、中药饮片、中成药、化学原料药及其制剂、抗生素、生化药品、放射性药品、血清、疫苗、血液制品和诊断药品等。

辅料，是指生产药品和调配处方时所用的赋形剂和附加剂。

药品生产企业，是指生产药品的专营企业或者兼营企业。

药品经营企业，是指经营药品的专营企业或者兼营企业。

第一百零一条 中药材的种植、采集和饲养的管理办法，由国务院另行制定。

第一百零二条 国家对预防性生物制品的流通实行特殊管理。具体办法由国务院制定。

第一百零三条 中国人民解放军执行本法的具体办法，由国务院、中央军事委员会依据本法制定。

第一百零四条 本法自 2001 年 12 月 1 日起施行。

中华人民共和国执业医师法

（1998年6月26日第九届全国人民代表大会常务委员会第三次会议通过　根据2009年8月27日第十一届全国人民代表大会常务委员会第十次会议《关于修改部分法律的决定》修正）

目　录

第一章　总　　则

第一条　为了加强医师队伍的建设，提高医师的职业道德和业务素质，保障医师的合法权益，保护人民健康，制定本法。

第二条　依法取得执业医师资格或者执业助理医师资格，经注册在医疗、预防、保健机构中执业的专业医务人员，适用本法。

本法所称医师，包括执业医师和执业助理医师。

第三条 医师应当具备良好的职业道德和医疗执业水平，发扬人道主义精神，履行防病治病、救死扶伤、保护人民健康的神圣职责。

全社会应当尊重医师。医师依法履行职责，受法律保护。

第四条 国务院卫生行政部门主管全国的医师工作。

县级以上地方人民政府卫生行政部门负责管理本行政区域内的医师工作。

第五条 国家对在医疗、预防、保健工作中作出贡献的医师，给予奖励。

第六条 医师的医学专业技术职称和医学专业技术职务的评定、聘任，按照国家有关规定办理。

第七条 医师可以依法组织和参加医师协会。

第二章 考试和注册

第八条 国家实行医师资格考试制度。医师资格考试分为执业医师资格考试和执业助理医师资格考试。

医师资格统一考试的办法，由国务院卫生行政部门制定。医师资格考试由省级以上人民政府卫生行政部门组织实施。

第九条 具有下列条件之一的，可以参加执业医师资格考试：

（一）具有高等学校医学专业本科以上学历，在执业医师指导下，在医疗、预防、保健机构中试用期满一年的；

（二）取得执业助理医师执业证书后，具有高等学校医学专科学历，在医疗、预防、保健机构中工作满二年的；具有中等专业学校医学专业学历，在医疗、预防、保健机构中工作满五年的。

第十条 具有高等学校医学专科学历或者中等专业学校医学专业学历，在执业医师指导下，在医疗、预防、保健机构中试用期满一年的，可以参加执业助理医师资格考试。

第十一条 以师承方式学习传统医学满三年或者经多年实践医术确有专长的，经县级以上人民政府卫生行政部门确定的传统医学专业组织或者医疗、预防、保健机构考核合格并推荐，可以参加执业医师资格或者执业助理医师资格考试。考试的内容和办法由国务院卫生行政部门另行制定。

第十二条 医师资格考试成绩合格，取得执业医师资格或者执业助理医师资格。

第十三条 国家实行医师执业注册制度。

取得医师资格的，可以向所在地县级以上人民政府卫生行政部门申请注册。

除有本法第十五条规定的情形外，受理申请的卫生行政部门应当自收到申请之日起三十日内准予注册，并发给由国务院卫生行政部门统一印制的医师执业证书。

医疗、预防、保健机构可以为本机构中的医师集体办理注册手续。

第十四条 医师经注册后，可以在医疗、预防、保健机构中按照注册的执业地点、执业类别、执业范围执业，从事相应的医疗、预防、保健业务。

未经医师注册取得执业证书，不得从事医师执业活动。

第十五条 有下列情形之一的，不予注册：

（一）不具有完全民事行为能力的；

（二）因受刑事处罚，自刑罚执行完毕之日起至申请注册之日止不满二年的；

（三）受吊销医师执业证书行政处罚，自处罚决定之日起至申请注册之日止不满二年的；

（四）有国务院卫生行政部门规定不宜从事医疗、预防、保健业务的其他情形的。

受理申请的卫生行政部门对不符合条件不予注册的，应当自收到申请之日起三十日内书面通知申请人，并说明理由。申请人有异议的，可以自收到通知之日起十五日内，依法申请复议或者向人民法院提起诉讼。

第十六条 医师注册后有下列情形之一的，其所在的医疗、预防、保健机构应当在三十日内报告准予注册的卫生行政部门，卫生行政部门应当注销注册，收回医师执业证书：

（一）死亡或者被宣告失踪的；

（二）受刑事处罚的；

（三）受吊销医师执业证书行政处罚的；

（四）依照本法第三十一条规定暂停执业活动期满，再次考核仍不合格的；

（五）中止医师执业活动满二年的；

（六）有国务院卫生行政部门规定不宜从事医疗、预防、保健业务的其他情形的。

被注销注册的当事人有异议的，可以自收到注销注册通知之日起十五日内，依法申请复议或者向人民法院提起诉讼。

第十七条 医师变更执业地点、执业类别、执业范围等注册事项的，应当到准予注册的卫生行政部门依照本法第十三条的规定办理变更注册手续。

第十八条 中止医师执业活动二年以上以及有本法第十五条规定情形消失的，申请重新执业，应当由本法第三十一条规定的机构考核合格，并依照本法第十三条的规定重新注册。

第十九条 申请个体行医的执业医师，须经注册后在医疗、预防、保健机构中执业满五年，并按照国家有关规定办理审批手续；未经批准，不得行医。

县级以上地方人民政府卫生行政部门对个体行医的医师，应当按照国务院卫生行政部门的规定，经常监督检查，凡发现有本法第十六条规定的情形的，应当及时注销注册，收回医师执业证书。

第二十条 县级以上地方人民政府卫生行政部门应当将准予注册和注销注册的人员名单予以公告，并由省级人民政府卫生行政部门汇总，报国务院卫生行政部门备案。

第三章 执业规则

第二十一条 医师在执业活动中享有下列权利：

（一）在注册的执业范围内，进行医学诊查、疾病调查、医学处置、出具相应的医学证明文件，选择合理的医疗、预防、保健方案；

（二）按照国务院卫生行政部门规定的标准，获得与本人执业活动相当的医疗设备基本条件；

（三）从事医学研究、学术交流，参加专业学术团体；

（四）参加专业培训，接受继续医学教育；

（五）在执业活动中，人格尊严、人身安全不受侵犯；

（六）获取工资报酬和津贴，享受国家规定的福利待遇；

（七）对所在机构的医疗、预防、保健工作和卫生行政部门的工作提出意见和建议，依法参与所在机构的民主管理。

第二十二条 医师在执业活动中履行下列义务：

（一）遵守法律、法规，遵守技术操作规范；

（二）树立敬业精神，遵守职业道德，履行医师职责，尽职尽责为患者服务；

（三）关心、爱护、尊重患者，保护患者的隐私；

（四）努力钻研业务，更新知识，提高专业技术水平；

（五）宣传卫生保健知识，对患者进行健康教育。

第二十三条 医师实施医疗、预防、保健措施，签署有关医学证明文件，必须亲自诊查、调查，并按照规定及时填写医学文书，不得隐匿、伪造或者销毁医学文书及有关资料。

医师不得出具与自己执业范围无关或者与执业类别不相符的医学证明文件。

第二十四条 对急危患者，医师应当采取紧急措施进行诊治；不得拒绝急救处置。

第二十五条 医师应当使用经国家有关部门批准使用的药品、消毒药剂和医疗器械。

除正当诊断治疗外，不得使用麻醉药品、医疗用毒性药品、精神药品和放射性药品。

第二十六条 医师应当如实向患者或者其家属介绍病情，但应注意避免对患者产生不利后果。

医师进行实验性临床医疗，应当经医院批准并征得患者本人或者其家属同意。

第二十七条 医师不得利用职务之便，索取、非法收受患者财物或者牟取其他不正当利益。

第二十八条 遇有自然灾害、传染病流行、突发重大伤亡事故及其他严重威胁人民生命健康的紧急情况时，医师应当服从县级以上人民政府卫生行政部门的调遣。

第二十九条 医师发生医疗事故或者发现传染病疫情时，应当按照有关规定及时向所在机构或者卫生行政部门报告。

医师发现患者涉嫌伤害事件或者非正常死亡时，应当按照有关规定向有关部门报告。

第三十条 执业助理医师应当在执业医师的指导下，在医疗、预防、保健机构中按照其执业类别执业。

在乡、民族乡、镇的医疗、预防、保健机构中工作的执业助理医师，可以根据医疗诊治的情况和需要，独立从事一般的执业活动。

第四章 考核和培训

第三十一条 受县级以上人民政府卫生行政部门委托的机构或者组织应当按照医师执业标准，对医师的业务水平、工作成绩和职业道德状况进行定期考核。

对医师的考核结果，考核机构应当报告准予注册的卫生行政部门备案。

对考核不合格的医师，县级以上人民政府卫生行政部门可以责令其暂停执业活动三个月至六个月，并接受培训和继续医学教育。暂停执业活动期满，再次进行考核，对考核合格的，允许其继续执业；对考核不合格的，由县级以上人民政府卫生行政部门注销注册，收回医师执业证书。

第三十二条 县级以上人民政府卫生行政部门负责指导、检查和监督医师考核工作。

第三十三条 医师有下列情形之一的，县级以上人民政府卫生行政部门应当给予表彰或者奖励：

（一）在执业活动中，医德高尚，事迹突出的；

（二）对医学专业技术有重大突破，作出显著贡献的；

（三）遇有自然灾害、传染病流行、突发重大伤亡事故及其他严重威胁人民生命健康的紧急情况时，救死扶伤、抢救诊疗表现突出的；

（四）长期在边远贫困地区、少数民族地区条件艰苦的基层单位努力工作的；

（五）国务院卫生行政部门规定应当予以表彰或者奖励的其他情形的。

第三十四条 县级以上人民政府卫生行政部门应当制定医师培训计划，对医师进行多种形式的培训，为医师接受继续医学教育提供条件。

县级以上人民政府卫生行政部门应当采取有力措施，对在农村和少数民族地区从事医疗、预防、保健业务的医务人员实施培训。

第三十五条 医疗、预防、保健机构应当按照规定和计划保证本机构医师的培训和继续医学教育。

县级以上人民政府卫生行政部门委托的承担医师考核任务的医疗卫生机构，应当为医师的培训和接受继续医学教育提供和创造条件。

第五章 法律责任

第三十六条 以不正当手段取得医师执业证书的，由发给证书的卫生行政部门予以吊销；对负有直接责任的主管人员和其他直接责任人员，依法给予行政处分。

第三十七条 医师在执业活动中，违反本法规定，有下列行为之一的，由县级以上人民政府卫生行政部门给予警告或者责令暂停六个月以上一年以下执业活动；情节严重的，吊销其执业证书；构成犯罪的，依法追究刑事责任：

（一）违反卫生行政规章制度或者技术操作规范，造成严重后果的；

（二）由于不负责任延误急危患者的抢救和诊治，造成严重后果的；

（三）造成医疗责任事故的；

（四）未经亲自诊查、调查，签署诊断、治疗、流行病学等证明文件或者有关出生、死亡等证明文件的；

（五）隐匿、伪造或者擅自销毁医学文书及有关资料的；

（六）使用未经批准使用的药品、消毒药剂和医疗器械的；

（七）不按照规定使用麻醉药品、医疗用毒性药品、精神药品和放射性药品的；

（八）未经患者或者其家属同意，对患者进行实验性临床医疗的；

（九）泄露患者隐私，造成严重后果的；

（十）利用职务之便，索取、非法收受患者财物或者牟取其他不正当利益的；

（十一）发生自然灾害、传染病流行、突发重大伤亡事故以及其他严重威胁人民生命健康的紧急情况时，不服从卫生行政部门调遣的；

（十二）发生医疗事故或者发现传染病疫情，患者涉嫌伤害事件或者非正常死亡，不按照规定报告的。

第三十八条 医师在医疗、预防、保健工作中造成事故的，依照法律或者国家有关规定处理。

第三十九条 未经批准擅自开办医疗机构行医或者非医师行医的，由县级以上人民政府卫生行政部门予以取缔，没收其违法所得及其药品、器械，并处十万元以下的罚款；对医师吊销其执业证书；给患者造成损害的，依法承担赔偿责任；构成犯罪的，依法追究刑事责任。

第四十条 阻碍医师依法执业，侮辱、诽谤、威胁、殴打医师或者侵犯医师人身自由、干扰医师正常工作、生活的，依照治安管理处罚法的规定处罚；构成犯罪的，依法追究刑事责任。

第四十一条 医疗、预防、保健机构未依照本法第十六条的规定履行报告职责，导致严重后果的，由县级以上人民政府卫生行政部门给予警告；并对该机构的行政负责人依法给予行政处分。

第四十二条 卫生行政部门工作人员或者医疗、预防、保健机构工作人员违反本法有关规定，弄虚作假、玩忽职守、滥用职权、徇私舞弊，尚不构成犯罪的，依法给予行政处分；构成犯罪的，依法追究刑事责任。

第六章 附 则

第四十三条 本法颁布之日前按照国家有关规定取得医学专业技术职称和医学专业技术职务的人员，由所在机构报请县级以上人民政府卫生行政部门认定，取得相应的医师资格。其中在医疗、预防、保健机构中从事医疗、预防、保健业务的医务人员，依照本法规定的条件，由所在机构集体核报县级以上人民政府卫生行政部门，予以注册并发给医师执业证书。具体办法由国务院卫生行政部门会同国务院人事行政部门制定。

第四十四条 计划生育技术服务机构中的医师，适用本法。

第四十五条 在乡村医疗卫生机构中向村民提供预防、保健和一般医疗服务的乡村医生，符合本法有关规定的，可以依法取得执业医师资格或者执业助理医师资格；不具备本法规定的执业医师资格或者执业助理医师资格的乡村医生，由国务院另行制定管理办法。

第四十六条 军队医师执行本法的实施办法，由国务院、中央军事委员会依据本法的原则制定。

第四十七条 境外人员在中国境内申请医师考试、注册、执业或者从事临床示教、临床研究等活动的，按照国家有关规定办理。

第四十八条 本法自 1999 年 5 月 1 日起施行。

中华人民共和国药品管理法实施条例

（2002年8月4日中华人民共和国国务院令第360号公布　根据2016年2月6日《国务院关于修改部分行政法规的决定》修订）

第一章　总　　则

第一条　根据《中华人民共和国药品管理法》（以下简称《药品管理法》），制定本条例。

第二条　国务院药品监督管理部门设置国家药品检验机构。

省、自治区、直辖市人民政府药品监督管理部门可以在本行政区域内设置药品检验机构。地方药品检验机构的设置规划由省、自治区、直辖市人民政府药品监督管理部门提出，报省、自治区、直辖市人民政府批准。

国务院和省、自治区、直辖市人民政府的药品监督管理部门可以根据需要，确定符合药品检验条件的检验机构承担药品检验工作。

第二章　药品生产企业管理

第三条　开办药品生产企业，申办人应当向拟办企业所在地省、自治区、直辖市人民政府药品监督管理部门提出申请。省、自治区、直辖市人民政府药品监督管理部门应当自收到申请之日起30个工作日内，依据《药品管理法》第八条规定的开办条件组织验收；验收合格的，发给《药品生产许可证》。

第四条 药品生产企业变更《药品生产许可证》许可事项的，应当在许可事项发生变更30日前，向原发证机关申请《药品生产许可证》变更登记；未经批准，不得变更许可事项。原发证机关应当自收到申请之日起15个工作日内作出决定。

第五条 省级以上人民政府药品监督管理部门应当按照《药品生产质量管理规范》和国务院药品监督管理部门规定的实施办法和实施步骤，组织对药品生产企业的认证工作；符合《药品生产质量管理规范》的，发给认证证书。其中，生产注射剂、放射性药品和国务院药品监督管理部门规定的生物制品的药品生产企业的认证工作，由国务院药品监督管理部门负责。

《药品生产质量管理规范》认证证书的格式由国务院药品监督管理部门统一规定。

第六条 新开办药品生产企业、药品生产企业新建药品生产车间或者新增生产剂型的，应当自取得药品生产证明文件或者经批准正式生产之日起30日内，按照规定向药品监督管理部门申请《药品生产质量管理规范》认证。受理申请的药品监督管理部门应当自收到企业申请之日起6个月内，组织对申请企业是否符合《药品生产质量管理规范》进行认证；认证合格的，发给认证证书。

第七条 国务院药品监督管理部门应当设立《药品生产质量管理规范》认证检查员库。《药品生产质量管理规范》认证检查员必须符合国务院药品监督管理部门规定的条件。进行《药品生产质量管理规范》认证，必须按照国务院药品监督管理部门的规定，从《药品生产质量管理规范》认证检查员库中随机抽取认证检查员组成认证检查组进行认证检查。

第八条 《药品生产许可证》有效期为5年。有效期届满，需要继续生产药品的，持证企业应当在许可证有效期届满前6个月，按照国务院药品监督管理部门的规定申请换发《药品生产许可证》。

药品生产企业终止生产药品或者关闭的，《药品生产许可证》由原发证部门缴销。

第九条 药品生产企业生产药品所使用的原料药，必须具有国务院药品监督管理部门核发的药品批准文号或者进口药品注册证书、医药产品注册证书；但是，未实施批准文号管理的中药材、中药饮片除外。

第十条 依据《药品管理法》第十三条规定，接受委托生产药品的，受托方必须是持有与其受托生产的药品相适应的《药品生产质量管理规范》认证证书的药品生产企业。

疫苗、血液制品和国务院药品监督管理部门规定的其他药品，不得委托生产。

第三章 药品经营企业管理

第十一条 开办药品批发企业，申办人应当向拟办企业所在地省、自治区、直辖市人民政府药品监督管理部门提出申请。省、自治区、直辖市人民政府药品监督管理部门应当自收到申请之日起30个工作日内，依据国务院药品监督管理部门规定的设置标准作出是否同意筹建的决定。申办人完成拟办企业筹建后，应当向原审批部门申请验收。原审批部门应当自收到申请之日起30个工作日内，依据《药品管理法》第十五条规定的开办条件组织验收；符合条件的，发给《药品经营许可证》。

第十二条 开办药品零售企业，申办人应当向拟办企业所在地设区的市级药品监督管理机构或者省、自治区、直辖市人民政府药品监督管理部门直接设置的县级药品监督管理机构提出申请。受理申请的药品监督管理机构应当自收到申请之日起 30 个工作日内，依据国务院药品监督管理部门的规定，结合当地常住人口数量、地域、交通状况和实际需要进行审查，作出是否同意筹建的决定。申办人完成拟办企业筹建后，应当向原审批机构申请验收。原审批机构应当自收到申请之日起 15 个工作日内，依据《药品管理法》第十五条规定的开办条件组织验收；符合条件的，发给《药品经营许可证》。

第十三条 省、自治区、直辖市人民政府药品监督管理部门和设区的市级药品监督管理机构负责组织药品经营企业的认证工作。药品经营企业应当按照国务院药品监督管理部门规定的实施办法和实施步骤，通过省、自治区、直辖市人民政府药品监督管理部门或者设区的市级药品监督管理机构组织的《药品经营质量管理规范》的认证，取得认证证书。《药品经营质量管理规范》认证证书的格式由国务院药品监督管理部门统一规定。

新开办药品批发企业和药品零售企业，应当自取得《药品经营许可证》之日起 30 日内，向发给其《药品经营许可证》的药品监督管理部门或者药品监督管理机构申请《药品经营质量管理规范》认证。受理申请的药品监督管理部门或者药品监督管理机构应当自收到申请之日起 3 个月内，按照国务院药品监督管理部门的规定，组织对申请认证的药品批发企业或者药品零售企业是否符合《药品经营质量管理规范》进行认证；认证合格的，发给认证证书。

第十四条 省、自治区、直辖市人民政府药品监督管理部门应当设立《药品经营质量管理规范》认证检查员库。《药品经营质量管理规范》认证检查员必须符合国务院药品监督管理部门规定的条件。进行《药品经营质量管理规范》认证，必须按照国务院药品监督管理部门的规定，从《药品经营质量管理规范》认证检查员库中随机抽取认证检查员组成认证检查组进行认证检查。

第十五条 国家实行处方药和非处方药分类管理制度。国家根据非处方药品的安全性，将非处方药分为甲类非处方药和乙类非处方药。

经营处方药、甲类非处方药的药品零售企业，应当配备执业药师或者其他依法经资格认定的药学技术人员。经营乙类非处方药的药品零售企业，应当配备经设区的市级药品监督管理机构或者省、自治区、直辖市人民政府药品监督管理部门直接设置的县级药品监督管理机构组织考核合格的业务人员。

第十六条 药品经营企业变更《药品经营许可证》许可事项的，应当在许可事项发生变更30日前，向原发证机关申请《药品经营许可证》变更登记；未经批准，不得变更许可事项。原发证机关应当自收到企业申请之日起15个工作日内作出决定。

第十七条 《药品经营许可证》有效期为5年。有效期届满，需要继续经营药品的，持证企业应当在许可证有效期届满前6个月，按照国务院药品监督管理部门的规定申请换发《药品经营许可证》。

药品经营企业终止经营药品或者关闭的，《药品经营许可证》由原发证机关缴销。

第十八条 交通不便的边远地区城乡集市贸易市场没有药品零售企业的，当地药品零售企业经所在地县（市）药品监督管理机构批准并到工商行政管理部门办理登记注册后，可以在该城乡集市贸易市场内设点并在批准经营的药品范围内销售非处方药品。

第十九条 通过互联网进行药品交易的药品生产企业、药品经营企业、医疗机构及其交易的药品，必须符合《药品管理法》和本条例的规定。互联网药品交易服务的管理办法，由国务院药品监督管理部门会同国务院有关部门制定。

第四章 医疗机构的药剂管理

第二十条 医疗机构设立制剂室，应当向所在地省、自治区、直辖市人民政府卫生行政部门提出申请，经审核同意后，报同级人民政府药品监督管理部门审批；省、自治区、直辖市人民政府药品监督管理部门验收合格的，予以批准，发给《医疗机构制剂许可证》。

省、自治区、直辖市人民政府卫生行政部门和药品监督管理部门应当在各自收到申请之日起30个工作日内，作出是否同意或者批准的决定。

第二十一条 医疗机构变更《医疗机构制剂许可证》许可事项的，应当在许可事项发生变更30日前，依照本条例第二十条的规定向原审核、批准机关申请《医疗机构制剂许可证》变更登记；未经批准，不得变更许可事项。原审核、批准机关应当在各自收到申请之日起15个工作日内作出决定。

医疗机构新增配制剂型或者改变配制场所的，应当经所在地省、自治区、直辖市人民政府药品监督管理部门验收合格后，依照前款规定办理《医疗机构制剂许可证》变更登记。

第二十二条 《医疗机构制剂许可证》有效期为5年。有效期届满，需要继续配制制剂的，医疗机构应当在许可证有效期届满前6个月，按照国务院药品监督管理部门的规定申请换发《医疗机构制剂许可证》。

医疗机构终止配制制剂或者关闭的，《医疗机构制剂许可证》由原发证机关缴销。

第二十三条 医疗机构配制制剂，必须按照国务院药品监督管理部门的规定报送有关资料和样品，经所在地省、自治区、直辖市人民政府药品监督管理部门批准，并发给制剂批准文号后，方可配制。

第二十四条 医疗机构配制的制剂不得在市场上销售或者变相销售，不得发布医疗机构制剂广告。

发生灾情、疫情、突发事件或者临床急需而市场没有供应时，经国务院或者省、自治区、直辖市人民政府的药品监督管理部门批准，在规定期限内，医疗机构配制的制剂可以在指定的医疗机构之间调剂使用。

国务院药品监督管理部门规定的特殊制剂的调剂使用以及省、自治区、直辖市之间医疗机构制剂的调剂使用，必须经国务院药品监督管理部门批准。

第二十五条 医疗机构审核和调配处方的药剂人员必须是依法经资格认定的药学技术人员。

第二十六条 医疗机构购进药品，必须有真实、完整的药品购进记录。药品购进记录必须注明药品的通用名称、剂型、规格、批号、有效期、生产厂商、供货单位、购货数量、购进价格、购货日期以及国务院药品监督管理部门规定的其他内容。

第二十七条 医疗机构向患者提供的药品应当与诊疗范围相适应，并凭执业医师或者执业助理医师的处方调配。

计划生育技术服务机构采购和向患者提供药品，其范围应当与经批准的服务范围相一致，并凭执业医师或者执业助理医师的处方调配。

个人设置的门诊部、诊所等医疗机构不得配备常用药品和急救药品以外的其他药品。常用药品和急救药品的范围和品种，由所在地的省、自治区、直辖市人民政府卫生行政部门会同同级人民政府药品监督管理部门规定。

第五章 药品管理

第二十八条 药物非临床安全性评价研究机构必须执行《药物非临床研究质量管理规范》，药物临床试验机构必须执行《药物临床试验质量管理规范》。《药物非临床研究质量管理规范》、《药物临床试验质量管理规范》由国务院药品监督管理部门分别商国务院科学技术行政部门和国务院卫生行政部门制定。

第二十九条 药物临床试验、生产药品和进口药品，应当符合《药品管理法》及本条例的规定，经国务院药品监督管理部门审查批准；国务院药品监督管理部门可以委托省、自治区、直辖市人民政府药品监督管理部门对申报药物的研制情况及条件进行审查，对申报资料进行形式审查，并对试制的样品进行检验。具体办法由国务院药品监督管理部门制定。

第三十条 研制新药，需要进行临床试验的，应当依照《药品管理法》第二十九条的规定，经国务院药品监督管理部门批准。

药物临床试验申请经国务院药品监督管理部门批准后，申报人应当在经依法认定的具有药物临床试验资格的机构中选择承担药物临床试验的机构，并将该临床试验机构报国务院药品监督管理部门和国务院卫生行政部门备案。

药物临床试验机构进行药物临床试验，应当事先告知受试者或者其监护人真实情况，并取得其书面同意。

第三十一条 生产已有国家标准的药品，应当按照国务院药品监督管理部门的规定，向省、自治区、直辖市人民政府药品监督管理部门或者国务院药品监督管理部门提出申请，报送有关技术资料并提供相关证明文件。省、自治区、直辖市人民政府药品监督管理部门应当自受理申请之日起 30 个工作日内进行审查，提出意见后报送国务院药品监督管理部门审核，并同时将审查意见通知申报方。国务院药品监督管理部门经审核符合规定的，发给药品批准文号。

第三十二条 变更研制新药、生产药品和进口药品已获批准证明文件及其附件中载明事项的，应当向国务院药品监督管理部门提出补充申请；国务院药品监督管理部门经审核符合规定的，应当予以批准。其中，不改变药品内在质量的，应当向省、自治区、直辖市人民政府药品监督管理部门提出补充申请；省、自治区、直辖市人民政府药品监督管理部门经审核符合规定的，应当予以批准，并报国务院药品监督管理部门备案。不改变药品内在质量的补充申请事项由国务院药品监督管理部门制定。

第三十三条 国务院药品监督管理部门根据保护公众健康的要求，可以对药品生产企业生产的新药品种设立不超过 5 年的监测期；在监测期内，不得批准其他企业生产和进口。

第三十四条 国家对获得生产或者销售含有新型化学成份药品许可的生产者或者销售者提交的自行取得且未披露的试验数据和其他数据实施保护，任何人不得对该未披露的试验数据和其他数据进行不正当的商业利用。

自药品生产者或者销售者获得生产、销售新型化学成份药品的许可证明文件之日起 6 年内，对其他申请人未经已获得许可的申请人同意，使用前款数据申请生产、销售新型化学成份药品许可的，药品监督管理部门不予许可；但是，其他申请人提交自行取得数据的除外。

除下列情形外，药品监督管理部门不得披露本条第一款规定的数据：

（一）公共利益需要；

（二）已采取措施确保该类数据不会被不正当地进行商业利用。

第三十五条 申请进口的药品，应当是在生产国家或者地区获得上市许可的药品；未在生产国家或者地区获得上市许可的，经国务院药品监督管理部门确认该药品品种安全、有效而且临床需要的，可以依照《药品管理法》及本条例的规定批准进口。

进口药品，应当按照国务院药品监督管理部门的规定申请注册。国外企业生产的药品取得《进口药品注册证》，中国香港、澳门和台湾地区企业生产的药品取得《医药产品注册证》后，方可进口。

第三十六条 医疗机构因临床急需进口少量药品的，应当持《医疗机构执业许可证》向国务院药品监督管理部门提出申请；经批准后，方可进口。进口的药品应当在指定医疗机构内用于特定医疗目的。

第三十七条 进口药品到岸后，进口单位应当持《进口药品注册证》或者《医药产品注册证》以及产地证明原件、购货合同副本、装箱单、运单、货运发票、出厂检验报告书、说明书等材料，向口岸所在地药品监督管理部门备案。口岸所在地药品监督管理部门经审查，提交的材料符合要求的，发给《进口药品通关单》。进口单位凭《进口药品通关单》向海关办理报关验放手续。

口岸所在地药品监督管理部门应当通知药品检验机构对进口药品逐批进行抽查检验；但是，有《药品管理法》第四十一条规定情形的除外。

第三十八条 疫苗类制品、血液制品、用于血源筛查的体外诊断试剂以及国务院药品监督管理部门规定的其他生物制品在销售前或者进口时，应当按照国务院药品监督管理部门的规定进行检验或者审核批准；检验不合格或者未获批准的，不得销售或者进口。

第三十九条 国家鼓励培育中药材。对集中规模化栽培养殖、质量可以控制并符合国务院药品监督管理部门规定条件的中药材品种，实行批准文号管理。

第四十条 国务院药品监督管理部门对已批准生产、销售的药品进行再评价，根据药品再评价结果，可以采取责令修改药品说明书，暂停生产、销售和使用的措施；对不良反应大或者其他原因危害人体健康的药品，应当撤销该药品批准证明文件。

第四十一条 国务院药品监督管理部门核发的药品批准文号、《进口药品注册证》、《医药产品注册证》的有效期为 5 年。有效期届满，需要继续生产或者进口的，应当在有效期届满前 6 个月申请再注册。药品再注册时，应当按照国务院药品监督管理部门的规定报送相关资料。有效期届满，未申请再注册或者经审查不符合国务院药品监督管理部门关于再注册的规定的，注销其药品批准文号、《进口药品注册证》或者《医药产品注册证》。

药品批准文号的再注册由省、自治区、直辖市人民政府药品监督管理部门审批，并报国务院药品监督管理部门备案；《进口药品注册证》、《医药产品注册证》的再注册由国务院药品监督管理部门审批。

第四十二条 非药品不得在其包装、标签、说明书及有关宣传资料上进行含有预防、治疗、诊断人体疾病等有关内容的宣传；但是，法律、行政法规另有规定的除外。

第六章 药品包装的管理

第四十三条 药品生产企业使用的直接接触药品的包装材料和容器，必须符合药用要求和保障人体健康、安全的标准，并经国务院药品监督管理部门批准注册。

直接接触药品的包装材料和容器的管理办法、产品目录和药用要求与标准，由国务院药品监督管理部门组织制定并公布。

第四十四条 生产中药饮片，应当选用与药品性质相适应的包装材料和容器；包装不符合规定的中药饮片，不得销售。中药饮片包装必须印有或者贴有标签。

中药饮片的标签必须注明品名、规格、产地、生产企业、产品批号、生产日期，实施批准文号管理的中药饮片还必须注明药品批准文号。

第四十五条 药品包装、标签、说明书必须依照《药品管理法》第五十四条和国务院药品监督管理部门的规定印制。

药品商品名称应当符合国务院药品监督管理部门的规定。

第四十六条 医疗机构配制制剂所使用的直接接触药品的包装材料和容器、制剂的标签和说明书应当符合《药品管理法》第六章和本条例的有关规定，并经省、自治区、直辖市人民政府药品监督管理部门批准。

第七章 药品价格和广告的管理

第四十七条 政府价格主管部门依照《价格法》第二十八条的规定实行药品价格监测时，为掌握、分析药品价格变动和趋势，可以指定部分药品生产企业、药品经营企业和医疗机构作为价格监测定点单位；定点单位应当给予配合、支持，如实提供有关信息资料。

第四十八条 发布药品广告，应当向药品生产企业所在地省、自治区、直辖市人民政府药品监督管理部门报送有关材料。省、自治区、直辖市人民政府药品监督管理部门应当自收到有关材料之日起 10 个工作日内作出是否核发药品广告批准文号的决定；核发药品广告批准文号的，应当同时报国务院药品监督管理部门备案。具体办法由国务院药品监督管理部门制定。

发布进口药品广告，应当依照前款规定向进口药品代理机构所在地省、自治区、直辖市人民政府药品监督管理部门申请药品广告批准文号。

在药品生产企业所在地和进口药品代理机构所在地以外的省、自治区、直辖市发布药品广告的，发布广告的企业应当在发布前向发布地省、自治区、直辖市人民政府药品监督管理部门备案。接受备案的省、自治区、直辖市人民政府药品监督管理部门发现药品广告批准内容不符合药品广告管理规定的，应当交由原核发部门处理。

第四十九条 经国务院或者省、自治区、直辖市人民政府的药品监督管理部门决定，责令暂停生产、销售和使用的药品，在暂停期间不得发布该品种药品广告；已经发布广告的，必须立即停止。

第五十条 未经省、自治区、直辖市人民政府药品监督管理部门批准的药品广告，使用伪造、冒用、失效的药品广告批准文号的广告，或者因其他广告违法活动被撤销药品广告批准文号的广告，发布广告的企业、广告经营者、广告发布者必须立即停止该药品广告的发布。

对违法发布药品广告，情节严重的，省、自治区、直辖市人民政府药品监督管理部门可以予以公告。

第八章　药品监督

第五十一条　药品监督管理部门（含省级人民政府药品监督管理部门依法设立的药品监督管理机构，下同）依法对药品的研制、生产、经营、使用实施监督检查。

第五十二条　药品抽样必须由两名以上药品监督检查人员实施，并按照国务院药品监督管理部门的规定进行抽样；被抽检方应当提供抽检样品，不得拒绝。

药品被抽检单位没有正当理由，拒绝抽查检验的，国务院药品监督管理部门和被抽检单位所在地省、自治区、直辖市人民政府药品监督管理部门可以宣布停止该单位拒绝抽检的药品上市销售和使用。

第五十三条　对有掺杂、掺假嫌疑的药品，在国家药品标准规定的检验方法和检验项目不能检验时，药品检验机构可以补充检验方法和检验项目进行药品检验；经国务院药品监督管理部门批准后，使用补充检验方法和检验项目所得出的检验结果，可以作为药品监督管理部门认定药品质量的依据。

第五十四条　国务院和省、自治区、直辖市人民政府的药品监督管理部门应当根据药品质量抽查检验结果，定期发布药品质量公告。药品质量公告应当包括抽验药品的品名、检品来源、生产企业、生产批号、药品规格、检验机构、检验依据、检验结果、不合格项目等内容。药品质量公告不当的，发布部门应当自确认公告不当之日起 5 日内，在原公告范围内予以更正。

当事人对药品检验机构的检验结果有异议，申请复验的，应当向负责复验的药品检验机构提交书面申请、原药品检验报告书。复验的样品从原药品检验机构留样中抽取。

第五十五条 药品监督管理部门依法对有证据证明可能危害人体健康的药品及其有关证据材料采取查封、扣押的行政强制措施的，应当自采取行政强制措施之日起7日内作出是否立案的决定；需要检验的，应当自检验报告书发出之日起15日内作出是否立案的决定；不符合立案条件的，应当解除行政强制措施；需要暂停销售和使用的，应当由国务院或者省、自治区、直辖市人民政府的药品监督管理部门作出决定。

第五十六条 药品抽查检验，不得收取任何费用。

当事人对药品检验结果有异议，申请复验的，应当按照国务院有关部门或者省、自治区、直辖市人民政府有关部门的规定，向复验机构预先支付药品检验费用。复验结论与原检验结论不一致的，复验检验费用由原药品检验机构承担。

第五十七条 依据《药品管理法》和本条例的规定核发证书、进行药品注册、药品认证和实施药品审批检验及其强制性检验，可以收取费用。具体收费标准由国务院财政部门、国务院价格主管部门制定。

第九章 法律责任

第五十八条 药品生产企业、药品经营企业有下列情形之一的，由药品监督管理部门依照《药品管理法》第七十九条的规定给予处罚：

（一）开办药品生产企业、药品生产企业新建药品生产车间、新增生产剂型，在国务院药品监督管理部门规定的时间内未通过《药品生产质量管理规范》认证，仍进行药品生产的；

（二）开办药品经营企业，在国务院药品监督管理部门规定的时间内未通过《药品经营质量管理规范》认证，仍进行药品经营的。

第五十九条 违反《药品管理法》第十三条的规定，擅自委托或者接受委托生产药品的，对委托方和受托方均依照《药品管理法》第七十四条的规定给予处罚。

第六十条 未经批准，擅自在城乡集市贸易市场设点销售药品或者在城乡集市贸易市场设点销售的药品超出批准经营的药品范围的，依照《药品管理法》第七十三条的规定给予处罚。

第六十一条 未经批准，医疗机构擅自使用其他医疗机构配制的制剂的，依照《药品管理法》第八十条的规定给予处罚。

第六十二条 个人设置的门诊部、诊所等医疗机构向患者提供的药品超出规定的范围和品种的，依照《药品管理法》第七十三条的规定给予处罚。

第六十三条 医疗机构使用假药、劣药的，依照《药品管理法》第七十四条、第七十五条的规定给予处罚。

第六十四条 违反《药品管理法》第二十九条的规定，擅自进行临床试验的，对承担药物临床试验的机构，依照《药品管理法》第七十九条的规定给予处罚。

第六十五条 药品申报者在申报临床试验时，报送虚假研制方法、质量标准、药理及毒理试验结果等有关资料和样品的，国务院药品监督管理部门对该申报药品的临床试验不予批准，对药品申报者给予警告；情节严重的，3 年内不受理该药品申报者申报该品种的临床试验申请。

第六十六条 生产没有国家药品标准的中药饮片，不符合省、自治区、直辖市人民政府药品监督管理部门制定的炮制规范的；医疗机构不按照省、自治区、直辖市人民政府药品监督管理部门批准的标准配制制剂的，依照《药品管理法》第七十五条的规定给予处罚。

第六十七条 药品监督管理部门及其工作人员违反规定，泄露生产者、销售者为获得生产、销售含有新型化学成份药品许可而提交的未披露试验数据或者其他数据，造成申请人损失的，由药品监督管理部门依法承担赔偿责任；药品监督管理部门赔偿损失后，应当责令故意或者有重大过失的工作人员承担部分或者全部赔偿费用，并对直接责任人员依法给予行政处分。

第六十八条 药品生产企业、药品经营企业生产、经营的药品及医疗机构配制的制剂，其包装、标签、说明书违反《药品管理法》及本条例规定的，依照《药品管理法》第八十六条的规定给予处罚。

第六十九条 药品生产企业、药品经营企业和医疗机构变更药品生产经营许可事项，应当办理变更登记手续而未办理的，由原发证部门给予警告，责令限期补办变更登记手续；逾期不补办的，宣布其《药品生产许可证》、《药品经营许可证》和《医疗机构制剂许可证》无效；仍从事药品生产经营活动的，依照《药品管理法》第七十三条的规定给予处罚。

第七十条 篡改经批准的药品广告内容的，由药品监督管理部门责令广告主立即停止该药品广告的发布，并由原审批的药品监督管理部门依照《药品管理法》第九十二条的规定给予处罚。

药品监督管理部门撤销药品广告批准文号后，应当自作出行政处理决定之日起 5 个工作日内通知广告监督管理机关。广告监督管理机关应当自收到药品监督管理部门通知之日起 15 个工作日内，依照《中华人民共和国广告法》的有关规定作出行政处理决定。

第七十一条 发布药品广告的企业在药品生产企业所在地或者进口药品代理机构所在地以外的省、自治区、直辖市发布药品广告，未按照规定向发布地省、自治区、直辖市人民政府药品监督管理部门备案的，由发布地的药品监督管理部门责令限期改正；逾期不改正的，停止该药品品种在发布地的广告发布活动。

第七十二条 未经省、自治区、直辖市人民政府药品监督管理部门批准，擅自发布药品广告的，药品监督管理部门发现后，应当通知广告监督管理部门依法查处。

第七十三条 违反《药品管理法》和本条例的规定，有下列行为之一的，由药品监督管理部门在《药品管理法》和本条例规定的处罚幅度内从重处罚：

（一）以麻醉药品、精神药品、医疗用毒性药品、放射性药品冒充其他药品，或者以其他药品冒充上述药品的；

（二）生产、销售以孕产妇、婴幼儿及儿童为主要使用对象的假药、劣药的；

（三）生产、销售的生物制品、血液制品属于假药、劣药的；

（四）生产、销售、使用假药、劣药，造成人员伤害后果的；

（五）生产、销售、使用假药、劣药，经处理后重犯的；

（六）拒绝、逃避监督检查，或者伪造、销毁、隐匿有关证据材料的，或者擅自动用查封、扣押物品的。

第七十四条 药品监督管理部门设置的派出机构，有权作出《药品管理法》和本条例规定的警告、罚款、没收违法生产、销售的药品和违法所得的行政处罚。

第七十五条 药品经营企业、医疗机构未违反《药品管理法》和本条例的有关规定，并有充分证据证明其不知道所销售或者使用的药品是假药、劣药的，应当没收其销售或者使用的假药、劣药和违法所得；但是，可以免除其他行政处罚。

第七十六条 依照《药品管理法》和本条例的规定没收的物品，由药品监督管理部门按照规定监督处理。

第十章 附 则

第七十七条 本条例下列用语的含义：

药品合格证明和其他标识，是指药品生产批准证明文件、药品检验报告书、药品的包装、标签和说明书。

新药，是指未曾在中国境内上市销售的药品。

处方药，是指凭执业医师和执业助理医师处方方可购买、调配和使用的药品。

非处方药，是指由国务院药品监督管理部门公布的，不需要凭执业医师和执业助理医师处方，消费者可以自行判断、购买和使用的药品。

医疗机构制剂，是指医疗机构根据本单位临床需要经批准而配制、自用的固定处方制剂。

药品认证，是指药品监督管理部门对药品研制、生产、经营、使用单位实施相应质量管理规范进行检查、评价并决定是否发给相应认证证书的过程。

药品经营方式，是指药品批发和药品零售。

药品经营范围，是指经药品监督管理部门核准经营药品的品种类别。

药品批发企业，是指将购进的药品销售给药品生产企业、药品经营企业、医疗机构的药品经营企业。

药品零售企业，是指将购进的药品直接销售给消费者的药品经营企业。

第七十八条 《药品管理法》第四十一条中“首次在中国销售的药品”，是指国内或者国外药品生产企业第一次在中国销售的药品，包括不同药品生产企业生产的相同品种。

第七十九条 《药品管理法》第五十九条第二款“禁止药品的生产企业、经营企业或者其代理人以任何名义给予使用其药品的医疗机构的负责人、药品采购人员、医师等有关人员以财物或者其他利益”中的“财物或者其他利益”，是指药品的生产企业、经营企业或者其代理人向医疗机构的负责人、药品采购人员、医师等有关人员提供的目的在于影响其药品采购或者药品处方行为的不正当利益。

第八十条 本条例自 2002 年 9 月 15 日起施行。

中药品种保护条例

（1992 年 10 月 14 日中华人民共和国国务院令第 106 号发布　自 1993 年 1 月 1 日起施行）

第一章　总　　则

第一条　为了提高中药品种的质量，保护中药生产企业的合法权益，促进中药事业的发展，制定本条例。

第二条　本条例适用于中国境内生产制造的中药品种，包括中成药、天然药物的提取物及其制剂和中药人工制成品。

申请专利的中药品种，依照专利法的规定办理，不适用本条例。

第三条　国家鼓励研制开发临床有效的中药品种，对质量稳定、疗效确切的中药品种实行分级保护制度。

第四条　国务院卫生行政部门负责全国中药品种保护的监督管理工作。国家中药生产经营主管部门协同管理全国中药品种的保护工作。

第二章　中药保护品种等级的划分和审批

第五条　依照本条例受保护的中药品种，必须是列入国家药品标准的品种。经国务院卫生行政部门认定，列为省、自治区、直辖市药品标准的品种，也可以申请保护。

受保护的中药品种分为一、二级。

第六条 符合下列条件之一的中药品种，可以申请一级保护：

（一）对特定疾病有特殊疗效的；

（二）相当于国家一级保护野生药材物种的人工制成品；

（三）用于预防和治疗特殊疾病的。

第七条 符合下列条件之一的中药品种，可以申请二级保护：

（一）符合本条例第六条规定的品种或者已经解除一级保护的品种；

（二）对特定疾病有显著疗效的；

（三）从天然药物中提取的有效物质及特殊制剂。

第八条 国务院卫生行政部门批准的新药，按照国务院卫生行政部门规定的保护期给予保护；其中，符合本条例第六条、第七条规定的，在国务院卫生行政部门批准的保护期限届满前6个月，可以重新依照本条例的规定申请保护。

第九条 申请办理中药品种保护的程序：

（一）中药生产企业对其生产的符合本条例第五条、第六条、第七条、第八条规定的中药品种，可以向所在地省、自治区、直辖市中药生产经营主管部门提出申请，经中药生产经营主管部门签署意见后转送同级卫生行政部门，由省、自治区、直辖市卫生行政部门初审签署意见后，报国务院卫生行政部门。特殊情况下，中药生产企业也可以直接向国家中药生产经营主管部门提出申请，由国家中药生产经营主管部门签署意见后转送国务院卫生行政部门，或者直接向国务院卫生行政部门提出申请。

（二）国务院卫生行政部门委托国家中药品种保护审评委员会负责对申请保护的中药品种进行审评。国家中药品种保护审评委员会应当自接到申请报告书之日起6个月内做出审评结论。

（三）根据国家中药品种保护审评委员会的审评结论，由国务院卫生行政部门征求国家中药生产经营主管部门的意见后决定是否给予保护。批准保护的中药品种，由国务院卫生行政部门发给《中药保护品种证书》。

国务院卫生行政部门负责组织国家中药品种保护审评委员会，委员会成员由国务院卫生行政部门与国家中药生产经营主管部门协商后，聘请中医药方面的医疗、科研、检验及经营、管理专家担任。

第十条 申请中药品种保护的企业，应当按照国务院卫生行政部门的规定，向国家中药品种保护审评委员会提交完整的资料。

第十一条 对批准保护的中药品种以及保护期满的中药品种，由国务院卫生行政部门在指定的专业报刊上予以公告。

第三章 中药保护品种的保护

第十二条 中药保护品种的保护期限：

中药一级保护品种分别为30年、20年、10年。

中药二级保护品种为7年。

第十三条 中药一级保护品种的处方组成、工艺制法，在保护期限内由获得《中药保护品种证书》的生产企业和有关的药品生产经营主管部门、卫生行政部门及有关单位和个人负责保密，不得公开。

负有保密责任的有关部门、企业和单位应当按照国家有关规定，建立必要的保密制度。

第十四条 向国外转让中药一级保护品种的处方组成、工艺制法的，应当按照国家有关保密的规定办理。

第十五条 中药一级保护品种因特殊情况需要延长保护期限的，由生产企业在该品种保护期满前6个月，依照本条例第九条规定的程序申报。延长的保护期限由国务院卫生行政部门根据国家中药品种保护审评委员会的审评结果确定；但是，每次延长的保护期限不得超过第一次批准的保护期限。

第十六条 中药二级保护品种在保护期满后可以延长7年。

申请延长保护期的中药二级保护品种，应当在保护期满前6个月，由生产企业依照本条例第九条规定的程序申报。

第十七条 被批准保护的中药品种，在保护期内限于由获得《中药保护品种证书》的企业生产；但是，本条例第十九条另有规定的除外。

第十八条 国务院卫生行政部门批准保护的中药品种如果在批准前是由多家企业生产的，其中未申请《中药保护品种证书》的企业应当自公告发布之日起6个月内向国务院卫生行政部门申报，并依照本条例第十条的规定提供有关资料，由国务院卫生行政部门指定药品检验机构对该申报品种进行同品种的质量检验。国务院卫生行政部门根据检验结果，可以采取以下措施：

（一）对达到国家药品标准的，经征求国家中药生产经营主管部门意见后，补发《中药保护品种证书》。

（二）对未达到国家药品标准的，依照药品管理的法律、行政法规的规定撤销该中药品种的批准文号。

第十九条 对临床用药紧缺的中药保护品种，根据国家中药生产经营主管部门提出的仿制建议，经国务院卫生行政部门批准，由仿制企业所在地的省、自治区、直辖市卫生行政部门对生产同一中药保护品种的企业发放批准文号。该企业应当付给持有《中药保护品种证书》并转让该中药品种的处方组成、工艺制法的企业合理的使用费，其数额由双方商定；双方不能达成协议的，由国务院卫生行政部门裁决。

第二十条 生产中药保护品种的企业及中药生产经营主管部

门，应当根据省、自治区、直辖市卫生行政部门提出的要求，改进生产条件，提高品种质量。

第二十一条 中药保护品种在保护期内向国外申请注册的，须经国务院卫生行政部门批准。

第四章 罚 则

第二十二条 违反本条例第十三条的规定，造成泄密的责任人员，由其所在单位或者上级机关给予行政处分；构成犯罪的，依法追究刑事责任。

第二十三条 违反本条例第十七条的规定，擅自仿制中药保护品种的，由县级以上卫生行政部门以生产假药依法论处。

伪造《中药保护品种证书》及有关证明文件进行生产、销售的，由县级以上卫生行政部门没收其全部有关药品及违法所得，并可以处以有关药品正品价格三倍以下罚款。

上述行为构成犯罪的，由司法机关依法追究刑事责任。

第二十四条 当事人对卫生行政部门的处罚决定不服的，可以依照有关法律、行政法规的规定，申请行政复议或者提起行政诉讼。

第五章 附 则

第二十五条 有关中药保护品种的申报要求、申报表格等，由国务院卫生行政部门制定。

第二十六条 本条例由国务院卫生行政部门负责解释。

第二十七条 本条例自 1993 年 1 月 1 日起施行。

图书在版编目（CIP）数据

中华人民共和国中医药法解读／黄薇主编．—北京：中国法制出版社，2017.1（2018.10 重印）
ISBN 978－7－5093－8204－2

Ⅰ.①中… Ⅱ.①黄… Ⅲ.①中国医药学－医药卫生管理－法规－法律解释－中国 Ⅳ.①D922.165

中国版本图书馆 CIP 数据核字（2017）第 014955 号

策划编辑：谢 雯　　责任编辑：谢 雯　　封面设计：蒋 怡

中华人民共和国中医药法解读

ZHONGHUARENMINGONGHEGUO ZHONGYIYAOFA JIEDU

主编/黄薇
经销/新华书店
印刷/三河市紫恒印装有限公司
开本/880 毫米×1230 毫米 32 开　　印张／10.5 字数／186 千
版次/2017 年 2 月第 1 版　　2018 年 10月第 3 次印刷

中国法制出版社出版
书号 ISBN 978－7－5093－8204－2　　定价：39.00 元

北京西单横二条 2 号　　值班电话：66026508
邮政编码 100031　　传真：66031119
网址：**http：//www.zgfzs.com**　　编辑部电话：**66010493**
市场营销部电话：**66033393**　　邮购部电话：**66033288**